戦国期武田氏領研究の再検討　補遺

柴辻俊六【著】
Shunroku Shibatsuji

岩田書院

はしがき

二〇二一年九月十日（満八十歳）を期して、私自身の第八論集（武田氏七冊、織田氏一冊）として『戦国期武田氏領研究の再検討』（岩田書院刊）を刊行していただいた。これを最後として新規の論文を執筆することは終了させ、これまでに書いてきたものの総括をしておきたいと思うに至った。そこでここに、第八論集に収録できなかった五本の論文を同書の「補遺」として刊行することとした。併せて、ぼつぼつ終活の時期かと観念して、身辺整理も始めている。不要な図書類は売却し、利用できそうな専門書や史料類は、その方面を研究している若手の研究者に順次進呈している。

いわゆる自序伝的なものはこれまでにまとめたことはないが、研究業績一覧としては、これまでに、満六十歳の還暦を記念して自費出版した『戦国大名と古文書』（文献出版、二〇〇〇年）で、略年譜と著作目録をまとめた。そして二〇一一年に、早稲田大学教育学部日本史攷究会の『日本史攷究』三五号に「史料編纂と古文書研究」として、これまでの研究史に関する小編をまとめ、これにも略年譜と著作目録を掲載している。

これらのことと関連して、これまでの研究活動の軌跡を記録しておきたいと思い、「思い出すがままに」と題して、関係写真などを掲載して、その時点での状況を記録しておくこととした。併せて、「詳細年譜」と詳細な「著作目録」を掲載した。「思い出すがままに」の内容は、私事にわたることが中心となるが、自らの成長の記録と、武田氏に関する研究動向の記録として書き留めておく必要があり、ご海容をお願いする次第である。

戦国期武田氏領研究の再検討 補遺 目次

第一章　戦国期武田氏領の水利と開発

はじめに

戦国期での武田氏領の治水と水利、さらにはその結果としての開発状況については、これまでにもいくつかの論考をまとめている[1]（以下、柴辻①②③と記す）。いずれも研究活動を始めた初期の頃のものであり、すでに四十年近くを経過したものである。後述するように、その後この問題についての他氏による成果もかなりの数のものがみられる。それらの中でご批判をいただいた点もあったが、対処する余裕がなかったので、改めてそれらを参考にして、この問題についての再検討と総括を試みたいと思う。

この研究での出発点は、生地である竜王村（甲斐市竜王町竜王）にある武田信玄の治績とされている「信玄堤」に関心を持ったことによる。実家が築堤の結果成立した竜王河原宿の内にあり、十八歳で上京するまで釜無川から引水した水路による水田耕作に手伝いとして従事していたこともある。

柴辻①は処女論文である「竜王河原宿成立の意義」をまとめ直したものであり、「信玄堤」を単なる治水事業とのみ評価するのではなく、付随した水利灌漑施設の構築と、それを利用しての河原間開発による新宿（村）の成立していく経過を検討したものである。それ以前に「信玄堤」自体には一定の研究史があり、主として構造的な面での土木史方面から評価されていたが、地域の開発史問題としてはあまり重視されていなかった。わずかに地元である『竜王村史』(2)で、村内に残る関係文書を網羅的に掲載していたが、その内容についての解説や説明はなされていなかった。

柴辻②は、戦国期における県外各地での代表的な水利灌漑事業を検討した後、武田氏領での水利堰の構築状況や、川除普請の事例を述べた後、『竜王村史』掲載の「竜王川除」(信玄堤)関連文書の内容を再検討し、初見文書である永禄三年(一五六〇)八月二日付けの宛名のない武田家竜朱印状(3)以下、徳川氏初期に至るまでの文書内容を検討し、永禄三年に信玄によって「竜王川除」後背地への作家居住が奨励され、同八年四月までに周辺郷村から五十軒が移住し、春棟別役のみが免除されて竜王河原宿が成立したとした。

その後の竜王河原宿宛の文書によれば、洪水に際しての防水策のほか信玄堤の維持補強が義務づけられており、それは堤防の恩恵を受ける水下の郷村にまで及んでおり、これが後々までもこの灌漑地域での水利慣行となっていった。武田氏滅亡後の徳川氏の対応は、「如信玄代、諸役免許」を保証し、代償として「川除之奉公」を命じている。(4)

柴辻③は、武田氏領での治山と治水政策を考察したものであるが、治水については竜王の「信玄堤」のほかにも何ケ所かの信玄構築との伝承を持つ場所があり、それらが江戸期には治水工役として甲州流と称されていたことを述べた。全般的に戦国初期にはまだ大河川の治水は行われておらず、中小河川に堰を設けて利水していたに過ぎなかったとした。しかし、戦国後期になると大河川での治水工事による大規模開発がみられるようになり、その代表的なものが「信玄堤」とされ、釜無川では竜王堤のほかに山神堤、笛吹川では万力堤・近津堤などがあげられているほか、後述するように天竜川流域でも確認されている。

こうした大規模土木工事は近隣住民のみの営力ではなしえず、技術・資財や人足の大量動員などは強力な権力的強制が背景にあったとの考えである。これに対しては後述するように反論もあり、地域住人主体説が主張されている。

この点については後述したい。

ここでは付論として「竜王堤」に付随した新資料である、竜王河原宿の開発に関わる永禄四年在銘の石橋銘を紹介しており[5]、これが河原宿に移転してきた者達の屋敷割を画定した際の堰に掛けられた入口の橋の一枚であったことに注目した。この点は当初から河原宿では灌漑用水路が付設されていたことを示すものであり、重要な遺物といえる。

一　研究史の概要

前述したように「信玄堤」に関してはかなりの研究史がある。その研究動向は大きく二つに分けることができる。一つは江戸期以来の土木技術史の面からのものであり、その流れは現在でも継承されている。この面での近年における成果のいくつかを紹介しておく[6]。もう一つの研究視角としては、戦後になってから問題にされ始めた築堤に伴う地域の水利灌漑状況や新田開発に関する研究成果である。本稿では前者の問題については省略し、後者の問題を中心に、その研究史の概要をみておきたい。

従来の土木技術史的研究のほうでも、竜王川除(信玄堤)の構築後での竜王河原宿に関する武田氏および徳川初期の関係文書を紹介し、それらによって近世村落として竜王村が成立していく経過は述べられているものの、築堤の開発主体やそれに伴う井堰の構築および日常的な維持管理と開発状況状況などについての言及はみられなかった。

この点に最初に言及したのは、柴辻①である。信玄が周辺住民を動員して弘治三年(一五五七)以前に完成させた信玄堤の後背地に、竜王河原宿を当初から計画性をもって一律に間口六間奥行二十数間の地積を区画し、屋敷地と野地を一帯として、その区画ごとに灌漑用の小堰を付設したとした。

これに対してまず安達満氏は、(7)釜無川は築堤以前には甲府盆地を横断する三流路があり、その流路を変えるための当初の本土手は土堤で、その前面に石積出を築いたが、その後も決壊があり、徳川氏による修復補強普請が多かったという。具体的には貞享五年(一六八八)に竜王村が書上げた陳情書の記述内容を全面的に肯定しており、築堤により釜無川の流路が変わったものの、下流域では不安定な状況が続き、少なくとも武田時代には安定的な耕作地とはなり得なかったとし、こうした地域での開発が進展したのは江戸期に入ってからという。

ついで秋山敬氏は、(8)その労働力として治水を目的とした川除普請と、利水・灌漑を目的とした用水普請とは別に扱う必要があるとしながらも、川除普請の労働力は原則的には関係する郷村住人によって賄われており、武田氏は通常の普請諸役免許と引き替えに川除役を命じていたにすぎないとする。しかもこの点は受益者負担となる水下の諸郷をも対象としたものであり、前代からの水利慣行に沿ったものであったという。

しかしこれらの点は、いずれも信玄堤構築後の維持管理体制を示した時期の文書によるものであって、築造当初の状況を示したものは皆無である。当初の大規模普請に武田氏がどういった関わり方をしていたかは別問題と思われる。秋山氏は労働力は在郷住人が負担したが、一方でそれを可能にしたのは権力者である武田氏であったとし、川除普請に関しては雇傭労働者や専属的技術労働者(川除衆)の存在をも想定している。これらの点から労働力編成や専門的技術者の導入、さらには財政投与の有無や家臣団によるその管理体制など疑問点は多く残されている。

さらに笹本正治氏は、(9)治水や利水は慣行として地域住民が主体となって推進すべきものであって、信玄の発給文書はその実行を指令したにすぎないとし、初見文書である前述した永禄三年(一五六〇)八月二日付けの竜朱印状(「武田遺文」七〇二号)は、この時点で竜王に堤防があったことを示したにすぎず、堤防を信玄が造った証明にはならないという。しかしこれについては、「於竜王之川除、作家令居住者」は「棟別役一切、可免許者也」とあって、武田氏のより具体的な関与が記されている。

ついで、信玄堤の再評価実行委員会が作製した『信玄堤の再評価資料集』に収録されている二論文が注目される[10]。平山優氏の「中近世移行期甲斐における治水の展開」と、数野雅彦氏の「竜王河原宿の成立」である。

平山論文では、まずその研究史を述べた後、川除普請役は「惣国一統普請役」であって、諸役免許の対象外であったとする。しかし後述するように、諸役免許によって動員されている事例は多く、川除役は惣国一統普請役には該当しない通常の郷次諸役の一類と思われる。ついで弘治三年十二月二日付けで、晴信(信玄)が甲斐一宮ほかに対して、社中条目で「御幸祭」に際して館への出仕を要請している文書を(『武田遺文』五八〇・五八一号)、信玄堤完成後の祭礼と判断している点は築堤時期と関連して注目される[11]。

数野論文は、当時担当していた『竜王町史』(文化歴史編、二〇〇四年)でまとめた成果を再録したものであり、竜王河原宿の成立を永禄八年四月とし、その際の屋敷割りを慶長八年(一六〇三)の徳川氏による竜王村検地帳「屋敷帳」[12]で復元し、詳細な屋敷割表と町並屋敷配置図を作製しており、現在でもなおその継続性が確認できる労作である。当初に移住してきた住民については、「信玄堤」の下流域の人々と御勅使川の治水工事に関係した人々で構成されていたとする。ただし、ここに「八幡之郷　三井右近之丞」とある者を、山神郷(田富村)の三井氏とした点は西八幡郷の三井氏の誤りである。なお移住者の中心となったのは、赤坂台地上にあった西山・輿石郷であったことは、同地内にあった慈照寺文書によって明らかとなる。

平山氏は同時期に別稿をまとめており[13]、それでは家臣に賦課した川除普請役は家臣の所領貫高に応じた知行役としての請負制で、軍役とならぶ重要な役負担であったとする。しかし、普請役が家臣の知行役の一部で請負制であったとする点には問題があり、普請役は本来的に郷村側に課せられ恒常的な諸役の一つであろう。ついで川除普請での労働力の動員に関しては受益者である郷村が負担したとしているが、この二様の川除普請役への対応の違いについては説明されていない。

二〇一〇年以降には、西川広平氏が治水との関連でその末端での利水としての井堰について検討しており、多くの成果を残している[14]。その詳細は後述したいが、開発事業が地域社会の景観を変えていった状況が指摘されている。

二　築堤と河原間開発の労働力編成

通説では「信玄堤」の起工と竣工は、天文十一年(一五四二)～弘治三年(一五五七)とされてきたが(『明治以前日本土木史』岩波書店、一九三六年)、現在では共にその根拠を示すものはなく否定されている。とりわけ起工開始期に関しては何ら関説した記録がなく、従って武田氏の関与の実態も不明である。しかし、永禄三年(一五六〇)以前にその原型がほぼ出来上がっていたことは、竜王河原宿の起立が始められたことによって確認されている。前述したように、弘治三年には堤防鎮守祭としての「御幸祭」の記録もあるので、天文末年頃迄には完成していた可能性がある。

その結果、河原間への移住者の誘致が始められ、その発願者が信玄であった点は確かであろう。その要請に応じた人々は河原間周辺地の郷村からであったが、この時点では流水域の低地にはまだ郷村は形成されておらず、移住者は河原間北部の赤坂台地上の西山・輿石郷民が中心であった。とりわけ西山郷には延徳元年(一四八九)起立の曹洞禅寺の慈照寺が存在しており、武田信虎期からの文書も所持している。その中の一通に、

［史料一］武田晴信朱印状(慈照寺文書、「武田遺文」一五七号、竪切折紙)

□(「晴信」単郭朱印)

西山之郷中、慈照寺門前五、免許、
天文十二癸卯年
三月一日

とあり、この時点で慈照寺門前には五軒の門前寺家があったことが明らかである。慈照寺は赤坂台地の最南端にあり、河原間よりはやや高い位置に存在している。従ってこの門前寺家は河原間に移転することなく、天正三年（一五七五）正月二十八日付けの武田家勘定奉行連署状（慈照寺文書、「武田遺文」二四四五号）でも、棟別役免許を受けている。つまり移転に応じたのは寺より北部の台地上の百姓らであり、ほかの郷村でも郷民のすべてが移転したのではなく、立地条件の悪い者のみが応じたものであろう。

「信玄堤」の構築にこうした人々が徴発されていた可能性は大きいが、これらのみでは大規模工事はなしえず、当然、発案者としての信玄の権力的な関与が想定される。しかしその関与の実態は、領国全般に賦課されていた棟別諸役としての普請役を免除したことは確認されているが、それ以上の人足動員状況や川除衆という専門技術者の招聘、関連して資金・資財の投入や、管理者としての家臣団の関与のあり方などについては、それらを裏付ける史料は残されていない。

こうした点を前提に、前述したように、秋山敬・笹本正治両氏らは、川除普請役の労働力は関係する地域の郷民による受益者負担による自力救済によったものとの見解を出すに至った(15)。この視点はその後も多く支持されているが、ここでは当初の築堤工事とその後における堤防維持管理体制とは別次元のものと考えるべきとの指摘をしておく。完成後の堤の維持補強や拡張状況についてはかなり具体的な文書が残っている。一例のみあげておく。

［史料二］武田晴信朱印状（保坂家文書、「武田遺文」八二七号、折紙）

（竜朱印）
八幡、篠原、徳行、西条、万歳、石田両郷、高畠、西飯田、大下条、中下条、上条、金竹、牛句、天狗沢、保坂惣郷、（以上、並列横書きであるが、縦書に改めた）
以右之郷中之人足、可退当水者也、仍如件、
亥　七月六日

これは永禄六年のものであり、一五の郷村名をあげて、その郷中の人足をもって「当水」（この年の洪水）による出水を除去するよう指令したものである。これにもまだ宛名はないが、鴨川達夫氏は竜王河原宿宛の人足徴発許状であるという。(16) 同日付けで同文のもので、大垈村ほか九ケ郷を書上げた文書写が残っており（『竜王村史』収録、「武田遺文」八二八号）、鴨川氏はこれについて［史料二］での「保坂惣郷」の村々の特定を示したものであり、赤坂台地の西に連なる保坂台地上の村を別途に書上げたものであるとする。これは保坂惣郷の範囲が曖昧であったため、改めて竜王河原宿側がその確認を武田氏に求めた結果であるという。

防水・除水などの労働力は［史料二］での水下諸郷を主体にしていたことが明らかであり、この点はその後の水利慣行としても定着しており、この点での武田氏の関与は、従来の郷次普請役としての動員要請を指令したのみのものと思われる。ほぼ同時期に占領地である信濃でも、天竜川中流域の伊那盆地でも竜王堤と同様な状況であったことが、次の文書によって知られる。

［史料三］　武田家朱印状（湯沢家文書、「武田遺文」一四二一号、全紙）
（竜朱印）
定
小河・牛牧両郷、及水損之由候、早集郷中之人足、川除之普請、厳密ニ可相勤之旨、有　御下知者也、仍如件、

永禄十二年己巳
六月廿一日　　　跡部大炊助　奉之
小河郷
牛牧郷

ここでは人足徴発の地域が直接関与した二郷に限定されており、その背後の水下の諸郷は対象になっていないことから、水損の規模が小さかった結果と思われる。

その後の「信玄堤」の維持管理や拡張工事にも、武田氏が大きく関与していたことは、続けて竜王河原宿に宛てた文書類（竜王町富竹新田・保坂家文書）によって確認できるし、勝頼の代になるが、河道の付け替えによって新たに下流となった地域での川除普請も進行している。著名なのは山神郷（中央市田富町）の場合であって、

［史料四］武田家朱印状（三井家文書、「武田遺文」二二五七号、全紙）

定

従当甲戌正月、至丙子十二月、諸普請役御赦免候条、相当之川除、無疎略可相勤、若令無沙汰者、可被加御成敗者也、仍如件、

天正二年甲戌　　土屋右衛門尉
正月十一日（竜朱印）　奉之
山神郷

これは釜無川下流左岸の山神郷に宛てたものであり、新規の川除堤のものか修復時のものかははっきりしないが、三ケ年間の諸普請役を免除して、相当の川除普請役を命じたものである。同所宛には天正八年三月九日付けで、穴山信

君が地侍である三井右近尉ら三人に宛てた文書もあり(三井家文書、「武田遺文」三三七号)、出水があったので「其方手前之人足、百姓役之用所普請等」は免許するので、川除再興をせよと命じている。穴山信君はこの地の地頭であり、三井氏ら三人は郷内の主導層である。

これらの点で問題となるのは、川除役の代償となった免許の諸普請役であって、普請役については別に検討したことがあるが(17)、普請役には恒常的なものと臨時的なものがあるとされ、城普請や川除普請は後者であるとされている。ともにその賦課対象は棟別賦課を基準としており、前者は郷次普請役、後者は国中一統惣普請役といわれ、とくに後者の場合、家臣の知行貫高に応じた知行役であったとの見解もあるが(18)、家臣への知行役と領民に課される棟別諸役としての普請役は別個のものであり、対応していないものと思われる。

以上の点から、築堤時の労働力を担ったのは関係する地域の住民であったが、その動員体制や大規模普請に関わる資財や技術を投入したのは武田氏であった。しかし完成後の維持補強の場合には、本来の普請役を免許して川除役を義務付けた状況とは、対応が異なるものであり、後者の場合には地域での自力救済的な側面が強かったと思われる。

三　水利施設の維持と新田開発の進展

次に築堤によるその後背地への水利施設の構築と、それを利用しての新田開発の状況であるが、この問題については注(14)で列挙したように西川広平氏が精力的に検討している(19)。西川氏はまず甲府西端の荒川筋での「上条堰」(甲斐市敷島町島上条)を取り上げ、それが元亀三年(一五七二)三月の時点で、武田氏より破損した堰を周辺六郷の談合によって再興するよう命ぜられたとし(石原家文書、「武田遺文」一八二〇号)、上条堰はその開削時期は確定できないが、その所在地である志摩荘が地頭請から下地中分に変わった南北朝期から確認される同荘の開発に関連して開削された可能性があるという。

つまり上条堰は既存の河川を利用してのものではなく、人工的な新規開削堰であったとする。この点は重要であり、県内ではその起源を中世まで遡らせる事例は他には確認できない。しかもこの文書が「信玄堤」に関連して新設された堰によって新田開発された場合のものと同列とは思われず、山間部での狭小地域での堰の現状維持を意図したものというべきものであろう。

西川氏はついで戦国期での川除普請と地域社会との関連性を問題にしており、まず前述した山神郷の三井右近尉の場合を取り上げ、山神郷の村落指導層である「地下人」であり、川除普請では地頭穴山氏から百姓の統率者と認識されていた三井氏らを通して川除普請への百姓の動員を行っていたとする。さらに竜王河原宿の場合として、次の文書を検討している。

[史料五]　武田家朱印状（保坂家文書、「武田遺文」三七一四号、折紙）

[竜]（獅子朱印）王御河よけ押ながす之由、被聞召候間、水下之御家人・御印判衆、早速罷出、人足をもよおし、彼御河よけ相
つゝき候様ニ、可走廻者也、
六月廿九日　　今福和泉守奉之
竜王御河よけ
水下之郷

これは年未詳であるが、勝頼の獅子朱印から天正九年（一五八一）と推定されているものである。これを従来は御家人・御印判衆などの武田家家臣を中心にした大名権力による普請役の要請と位置づけていたが、西川氏は宛名が「竜

王御河よけ水下之郷」となっていることから、実際には水下の郷村が、御家人・御印判衆支配下の人足を川除普請に動員することを承認されたものであり、村落側が侍分に従属していた労働力までを含めて、村落が主体的に人足動員を行っていたと解釈している。しかし、主体となったのは家臣層で諸郷の主導層でもある御家人・御印判衆が対応を命ぜられたものであり、大名権力による動員令とみるべきで、村落側の自力対応とは思われない。この点はもう一つの事例としている都留郡宮川(富士吉田市下吉田)での川除争論に関して、郡主である小山田氏や大原代官である小林尾張守の関与の仕方からも、同様のことがいえる。

ついで竜王の「信玄堤」の川除普請に動員された村落として、前述した[史料二]を検討しているが、これは永禄六年(一五六三)のものであり、「当水」(同年の洪水)に対処したものであって、ここにみえる「保坂惣郷」の意味も、あるいは同時期に釜無川に合流する塩川(甲斐市双葉町)や竜地台地(同前)に発する貢川での出水に対応した可能性も残っている。ここで西川氏は貢川を旧荒川と表記しているが、この旧河道筋が確定できれば、前述した「上条堰」はこの旧荒川を利用改修しての水利施設であった可能性もあり、南北朝からの人工堰説は怪しくなってくる。

さらに西川氏は、戦国期にも複数の村落間(惣郷)のネットワークが機能しており、これは大名権力によって形成されたものではなく、領国内で自律的に機能していた地域社会であったとし、武田氏の権力によって地域社会が再編成されたものではなく、村落間のネットワークを維持して地域社会を支配し、川除普請への動員体制を形成したとしている。西川氏はその事例として、以下の事例を検討している。

[史料六] 武田家朱印状写(山梨県誌本「巨摩郡古文書」、「武田遺文」一二八八号)

◯(竜朱印)

就于　上様江御奉公相勤、家壱間之分、御普請役被成御赦免者也、

戊辰
六月廿八日　跡部美作守
奉之
石橋番匠
新五郎

これはこの時に信玄への奉公を勤めた番匠宛の複数あるものの中の一通であり（「武田遺文」一二八五号以下）、おそらく武田館の拡張工事に動員された職人らと推定され、彼等に対してその代償として家一間分の郷次普請役を免許したものである。しかし、天正三年十二月六日付けの同人宛の竜朱印状（同前二五五三号）では、同人に深沢城への出張を命じ、その代償として翌年の「水役之細工」を免許している。西川氏は水役＝川除普請と理解して、川除普請は領主権力が賦課する通常の郷次普請役とは区別され、「水役」としての体系化が図られていたとする。ただ、「水役之細工」の内容が不明確であるものの、職人衆であることから、技術者としての川除衆と思われ、これをもって川除普請への動員は普請役免除の対象外になっていたとはいえないのではないか。

西川氏は最新の論考⑳で、それまでに具体例として検討した「上条堰」や「竜王川除」の事例に加えて、新たに武田氏が関与した駿河・大井川筋での藤枝堤（藤枝市）再興による新田開発や市場の開設と、笛吹川右岸（山梨市八幡）の水利に関して、地域で拠点的な存在であった窪八幡神社が、岩手氏などの地域領主層の寄進によって、水利に関わる権利を一元的に掌握していた事例を追加した上で、水資源の保全・利用における地域社会の対応と、水資源をめぐる村落と大名らの領主権力との関係について考察している。その結論として、前述した戦国期にも複数の村落間（惣郷）のネットワークが機能しており、これは領国内で自律的に機能していた地域社会であり、大名は村落間のネットワークを維持して地域社会を支配し、川除普請への動員体制を形成したという「地域社会論」を再説している。

ところで、「信玄堤」の築堤時での水利用水施設の付設状況については直接的な史料を残していないが、その後の後背地の開発状況から推定して、当初から堤防の一部に水門と水路が付設されたことは間違いないと思われる。その長さは堤防幅が約二十メートル余であったことからすれば、さほど難工事ではなかったと推測される。しかし、このことがその後の堤防決壊の要因になったことは否めない。この釜無川からの直接的な取水が可能となった結果、河原間開発は進展し、永禄八年にはまず竜王河原宿が起立され、慶長十年(一六〇五)には、その分村として竜王新町が成立している。河原間への移住がその後も徐々に進行していたことは、以下の文書で確かめられる

［史料七］　徳川家代官手代証文写(『竜王村史』新町部収録文書)

竜王村之中ニ河原間御座候所へ、本町新町之百姓衆罷出度之由、申ニ付申上候得ハ、新町なミニ割渡候得由、被中候ニ付、屋敷所四百坪つつわり渡し候、仍如件、

岩波七郎右衛門内

寛永五年辰十月廿日　　相沢彦左衛門　判

竜王村　喜兵衛殿・与兵衛殿

新町へ出候百姓中

これは甲斐国主となった松平忠長の代官岩波七郎右衛門道能の手代が、河原間への移住者に本村・新町と同じく四百坪の屋敷地を割渡すというものであり、この時点で河原間開発が進展していたことを示すものである。

しかしこの時期での水路状況はまだ不十分であり、しかも洪水の危機もあったため、この点を解消するため、寛永十四年(一六三七)七月に、釜無川上流高岩の地に新たに堰堤を築き、そこから三キロ余りの暗渠隧道を台地上に掘削

している。その折の記念碑が現地に残っており、幕領代官平岡次郎右衛門和由の開削であったとしている。当然この事業に動員された人々は河原間開発を担った地域住民であった。この新水路の開削によって富竹村（甲府市）の新田として富竹新田が開発され、用水路は竜王村ほかの「四ヶ村堰」として、その後の地域の水利灌漑を支えていくこととなる。これ以後大規模洪水は起こらず、甲府盆地西南部の低湿地の開発が進展していく。

以上の点から、戦国初期での開発は、基本的にはその水利形態に対応しての住民による小規模な荒地開発であったが、後期になると大名による大河川での治水策が進展し、それに伴って大名主導による大規模開発が進められ、大名はその労働力を領国制的収取体制下での郷次普請役を開発労働に再編成することによって実現させていった。

四　灌漑水利慣行の成立

地域での灌漑水利慣行は、低地での大規模開発が進展する戦国期以前から、台地上の中小河川を利用しての一定の水利慣行があった。その事例として従来からあげられている、永正十四年（一五一七）四月三日付けの一条（甲府市）一蓮寺宛の武田信直（信虎）判物（一蓮寺文書、「武田遺文」四五号）があり、そこでは前代より寄進していた成島・乙黒堰（中央市）の「水代」（堰銭）を一蓮寺に安堵しており、堰の利用者には一定の堰銭が課されていたことが判明する。さらにその堰銭は郷村入用として本年貢から差し引かれる場合もあった[21]。

灌漑水利慣行としては、この他に郷村ごとへの分水規定や水番制などを取り決めるための用水管理組織としての水利組合の結成や、さらには水争いに際しての領主側での裁定規定もあったと思われるが、武田氏領でのそれらの具体例を示すものは確認できず、これらの問題への武田氏の関与の度合いははっきりしないが、大名が在地の灌漑状況に直接的な関与をすることはなく、現実には在地側の意向にそって、紛争時での調停的機能と、勧農奨励権の範囲にとどまっていたものと思われる。

灌漑水利慣行に関しても、戦国期ではまだ大名や領主層の関与が認められるものの、近世になると基本的には郷村側での自力決裁に委ねられていくと思われ、そうした慣行は各郷村が近世村落として自律していく過程で、地域に定着していく。こうした近世村落での灌漑水利慣行の進展状況に関しては、喜多村俊夫氏が具体的な事例を示して詳しく述べているので省略するが、山梨県内の事例としては、各論編で寛永十六年より始められた浅尾堰(北杜市明野村)と、寛文八年(一六六八)開始の穂坂堰(韮崎市穂坂)について考察している。(22)

まとめに代えて

本稿は、最初に信玄の事績と顕彰されている竜王川除(「信玄堤」)に関するこれまでの自らの研究結果の概要を明記した後、その後の研究による批判や新視点の提示などに応えるため、改めてこの問題とその結果として成立する竜王河原宿ほかでの新田開発状況と、さらにはその実現手段としての灌漑水利施設の進展状況を再確認しようとしたものである。

まずこの問題に関するその後の研究史の概要を検討し、当初の「信玄堤」の規模や、その川除普請の労働力編成についての研究などを紹介した。とりわけその労働力の主体となったのは地域住民であって、信玄は単に一定の条件を付して動員令を発したにすぎないといった見解に対して、改めて武田氏が多様な関与をし、この事業を主導したものとした。

ついで築堤の結果として可能となった竜王河原宿の成立については、主に台地上の西山・輿石郷を中心にしており、さらにその水下諸郷からも移住者を募ることによって実現したとした。この水下諸郷との関係は、その後の防水や開発事業での先例となっていき、これが地域での水利慣行となり、その労働力編成も徐々に地域住民の自力救済的なものに変化していったとした。

さらに灌漑水利施設の構築と維持に関して、西川広平氏が取り上げた「上条堰」の事例を紹介し、この堰が南北朝期から確認できるとの説には疑問を呈した。しかしこの論考での主眼である、戦国期にはすでに村落間(惣郷)でのネットワークが機能しており、大名権力への対応関係においても、領国内で自律的に機能していた地域社会であったとの指摘は傾聴にあたいするとした。

最後に「信玄堤」の完成と、河原間の開発状況との関連について、当初のものは水利施設が簡便なものであったため開発は限定されたものに終始していたが、徳川初期になると領国内各地での大規模水利施設(用水堰)の開削による大規模開発が進展し、これに伴って「竜王堰」でも大改修が行われ、それに伴って新町の成立や「四ケ村堰」による水下諸郷での新田開発が急速に進展していったとした。

注

(1)　柴辻①「戦国期の築堤事業と河原宿の成立」(『戦国大名領の研究』名著出版、一九八一年。初出は一九六五年)、②「戦国期の水利灌漑と開発」(同前。初出は一九七三年)、③「武田領の治山・治水策」(『戦国大名武田氏領の支配構造』名著出版、一九九一年。初出は一九八五年)。

(2)　『竜王村史』(竜王村、一九五五年)。赤岡重樹編著で、竜王村成立期の武田氏と徳川初期の文書を掲載し、「信玄堤」

に関しては、貞享五年（一六八八）の「竜王村由緒書上」を全文掲載している。

(3) 甲斐市竜王町富竹新田・保坂家文書（『戦国遺文』武田氏編、七〇二号）、以下、同書は「武田遺文」と略記する。

(4) 天正十年七月二十三日、竜王河原宿中宛て徳川家奉行人連署状（『竜王村史』二三頁収録）。

(5) 柴辻「所謂「信玄堤」修築当時の新資料について」（『日本歴史』二七六号、一九七一年）。

(6) 広瀬広一「武田信玄の治水工役」（『武田信玄伝』紙硯社、一九四四年）。上野晴朗「治水政策の一面」（『甲斐武田氏新人物往来社、一九七二年）。和田一範『信玄堤』（山梨日日新聞社、二〇〇二年）。畑大介①「甲州の治水技術をめぐって」（『信玄堤の再評価資料集』二〇〇四年）、②「中近世における河川堤防の構造と技術」（『帝京大学文化財研究所　研究報告』一六集、二〇一七年）、③『治水技術の歴史―中世と近世の遺跡と文書―』（高志書院、二〇一八年）。山梨県『山梨県史』（通史編2中世、二〇〇七年）の「治水施策」（山下孝司・畑大介・数野雅彦執筆）。山梨県立博物館『信玄堤研究の新展開―甲斐の治水・利水と景観の変化―』（同館、二〇一〇年）。

(7) 安達満①『信玄堤』の形態について―最近の安芸・古島説をめぐって―」（『日本歴史』三三五号、一九七六年）、②「釜無川治水の発展過程（一）（二）」（『甲斐路』三〇・三二号、一九七七・七八年）。共に後に著書『近世甲斐の治水と開発』（山梨日日新聞社、一九九四年）に再録。

(8) 秋山敬「甲斐における中世―近世初頭の川除け普請とその担い手―」（『武田氏研究』一七号、一九九六年）。

(9) 笹本正治①『武田信玄―伝説的英雄像からの脱却―』（中公新書、一九九七年）、②「信玄堤の評価をめぐって」（『治水・利水遺跡を考える』東日本埋葬文化財研究会、一九九八年）。

(10) 信玄堤の再評価実行委員会『信玄堤の再評価資料集』（二〇〇四年）。

(11) 平山優「戦国期における川除普請の技術と人足動員に関する一考察」（『武田氏研究』三一号、二〇〇五年）。

(12)『中巨摩郡志』(一九二八年)に収録。正徳三年(一七一三)に書写した同帳写を甲斐市竜王新町の窪田家で所蔵しているという。写真でみるかぎり良質のものである。
(13)平山優「戦国期甲斐国一・二・三宮祭礼と地域社会」(『戦国大名領国の基礎構造』校倉書房、一九九九年。初出は一九九一年)。
(14)西川広平①「中世甲斐国における井堰の開発―上条堰を対象にして―」(『帝京大学山梨文化財研究所研究報告』一四集、二〇一〇年。後に『中世後期の開発・環境と地域社会』高志書院、二〇一二年に再録)、②「戦国期における川除普請と地域社会―甲斐国を事例として―」(『歴史学研究』八八九号、二〇一二年。後に同前著書に再録)、③「戦国期東国の地域社会と水資源」(『歴史学研究』九九〇号、二〇一九年)。
(15)秋山注(8)、笹本注(9)参照。
(16)鴨川達夫「武田領国の治水関係文書を読む」(『年報三田中世史研究』一七号、二〇一〇年)。
(17)柴辻「戦国期武田氏領の普請役の検証」(磯貝正義先生追悼論文集刊行会編『戦国大名武田氏と甲斐の中世』岩田書院、二〇一一年)。
(18)平山注(13)参照。
(19)西川注(14)。
(20)西川注(14)③論文。
(21)永禄九年六月九日付けの平沢藤左衛門尉宛て武田家朱印状(平沢家文書、「武田遺文」九九四号)。
(22)喜多村俊夫『日本灌漑水利慣行の史的研究』総論編(岩波書店、一九五〇年)、各論編(一九七三年)。

(山梨郷土研究会編『甲斐』一五四号、二〇二一年)

第二章　武田氏の金山開発と甲州金の創始

はじめに

戦国期から近世初頭にわたって、戦国大名領内での鉱山開発が急速に進展している。その背景としては大名間で恒常化していた戦乱と、一般社会での経済活動の活発化により、金銀ほかの鉱山資源の需要が高まったことがある。とりわけ金に関しては、戦国期になって全国共通の秤量貨幣としての価値や、大名間や大社寺との贈答品として用いられることが多くなり、各大名領ではその需要が拡大し、新規の鉱山開発と精錬技術の発達が進展していた。十六世紀での世界的な大航海時代を迎えて、世界的に金銀の需要が高まり、日本でも外国貿易に進出する大名が現れ、とりわけ金銀がその取引物品として重要な役割を果たしていった。こうした金銀をとりまく世界情勢やそれに対応した国内での諸大名の動向については、小葉田淳氏による最初の総括的な研究があり、その中で武田氏領の金山についても多くが言及されている[1]。

武田氏領では、江戸末期に編纂された地誌である『甲斐国志』などによって、甲斐国内での黒川金山(甲州市塩山)・湯之奥(身延町下部)・雨畑芳山(早川町)・御座石(北杜市武川村)をはじめ、駿河での富士金山(富士宮市上井出)・梅ケ島(静岡市井川)、信濃では金沢金山(茅野市)・川上金山(佐久郡川上村)などが知られており[2]、その多くが戦国期になって初めて大規模に開発されたものとされている。それぞれの金山については僅少ではあるが、信玄・勝頼期から近世初頭の開発関連文書を伝存しており、その実態に迫ることが可能になってきている。武田氏によるこれらの金山開発の経過とその経営状況についても、前述した小葉田淳氏が研究の先鞭を付けており、以後それを受けて後述するように県内でも現地での発掘調査や文献調査が進展している。

本稿では、まず武田氏によるこれらによる金山開発の研究史状況を整理した後、主要な金山での経営内容の実態を明らかにし、とりわけその中で注目される金山衆と金掘衆の存在形態について再検討しておきたいと思う。その上でその結果として得られた金をもとにして創始された甲州金についても、その成立経過とその後の運用などについても検討しておきたいと思う。なおこれらの問題に関する研究史については、各節ごとに検討することとし、ここでは省略しておく。

一　武田氏の金山開発

武田氏の金山支配に関しては、笹本正治氏が研究史的な整理を行っており(3)、従来の著書で言及されている武田氏領内の甲信駿の金山についての所見をすべて紹介しており、その上で、金山が武田氏の直轄領か否かについての判断では、武田氏による直接的支配を示す文書は存在せず、通説のように直轄領ではなかったとする。しかしこの点については、穴山氏の領主的立場の評価や、武田氏から金山衆に宛てられた文書内容の支配実態の位置づけおよび評価の点などからも再考の余地があると思われ、この点については後述したい。

ついで金山開発の始期と全盛期やその衰退時期についても諸説を紹介しているが、それらの所見はいずれも推定の域を出るものではなく、後述するように現在での結論とは大きく異なっている。笹本氏はさらに当時の鉱山技術と金山衆の性格についても、従来の諸説を紹介しており、とくに後者の問題については、金山衆は軍役衆のように武田氏との被官関係はなく、自律した経営形態をもった職人層であったとする。この点は従来からの争点の一つであり、詳しくは後述したい。

ついで萩原三雄氏の総括的なまとめがある。④ そのうちの論文①では、従来の文献史料のみでの追求では限界があるとして、一九八六年より開始された黒川金山の発掘調査研究により新しい段階に入ったという。この調査は遺跡の発掘を中心に学際的な共同研究により、その経営実態を明らかにしたものである。ついで同じ手法で発掘調査を実施した下部町・湯之奥金山の総合調査があり、この二つの遺跡調査結果によって、金山の規模や開発時期、操業年代や廃絶時期のほか、当時の鉱業技術や金山衆の生活実態などが明らかになってきたという。この二つの金山遺跡に関しては、後述するように詳細な調査報告書が別にまとめられているので、その内容は後述したい。

萩原氏はこの二つの金山遺跡についての概要を紹介した後、その開発時期を石臼や陶磁器類・銅銭などの出土遺物から推定し、ともに十六世紀初として通説の信玄代からとの説よりは早まるといい、その衰退廃絶の時期は近世前期であるという。その他の小規模金山としても、甲斐では保金山(早川町)・十島(南部町)・金山(大月市)・舟越(丹波山村)・御座石(韮崎市)があったとし、甲斐以外でも津具金山(新城市)・長尾(佐久郡川上村)・金沢(茅野市)などがあったとするが、これらの遺跡に関しては本格的な調査が実施されていないので詳細は不明という。以下、これら金山での経営実態と武田氏と金山衆との関係については笹本氏の見解を踏襲しており、問題点が残されている。

萩原氏は別稿で鉱山史研究における考古学調査の重要性を指摘しており⑤、従来の甲斐金山史研究が武田氏権力論の枠のなかで論じられ、武田氏側からの視点で見下ろしていたことを危惧している。鉱山遺跡の考古学的調査は一九八〇年代に入ってやっと活発になり、一九八六年より始められた甲斐・黒川金山の総合学術的調査がその画期になったという。一九八九年より始められた下部町・湯之奥金山も同じ手法で進められ、その影響は島根太田・石見銀山や、佐渡の佐渡金銀山の調査研究にも及んでいるという。

金銀などの鉱石の採取は、当初は砂金採集や露天掘りによる竪穴工法で行われていたが、それが坑道掘りに転換した時期は明確にされていない。しかしその鉱石の粉砕器として残る挽き臼などの残存例などから、坑道掘りによる量産体制はかなり早くから実施されていたと推定されている。甲斐での代表的な金山である黒川・湯之奥金山ともに、その出土遺物などから十六世紀初頭には開削していたことが確認されるが、この段階での武田氏による直接的な関与については否定的であるとする。

金山経営を実際に掌握していたのは金山衆(鉱山主)であって、個別に採掘権と坑道を所有し、自立した事業主として経営していた。しかしその中には小規模の金掘職人頭の存在もあって、一律にはその経営実態をまとめられない。つまり金山衆は二様に理解する必要があるとし、一つには金山に資本を投下して経営権を掌握し、製品を商品化して大名との折衝や自ら商業活動をしていた者と、一方ではそうした鉱山主から採掘権利を委託ないし下請けして、実際の採掘事業を担当した職人層とである。一般的には金山衆＝金掘衆としている場合が多いが、この点では別の階層の者と考えるのがわかりやすいと思われる。しかし、広義の金山衆に金掘衆を含める使い方が当時からみられることも確かである。

武田氏領での主要金山である黒川・湯之奥金山については、別に後述するが、小規模金山発掘調査の一例として丹波山舟越金山遺跡の学術調査が実施されている[6]。砂金採集遺跡をはじめ採掘坑も八ケ所が確認でき、それらが戦国期から近世初頭まで稼働していたことを、文禄三年(一五九四)三月九日付けの丹波山金掘中宛の浅野長継・長吉連署判

物写に「丹波山之内、山河芝間、黄金如前々可掘事」とあることによって確かめている。(7)

ちなみに武田氏関係文書の中で金山に関するものを表出してみると第一表となる。

第一表　金山関連文書表

No	年月日	文書名	宛名	内容	該当金山	出典
1	天文13・6・吉	武田家印判状	金山之佐渡守	参十貫文預け置く	黒川金山	179
2	永禄3・4・18	武田家印判状写	田辺清衛門	小田原門屋年貢相勤		石黒文書
3	永禄11・11・27	穴山信君判物	河内諸役所中	出入荷物過書	中山金山	1334
4	元亀2・2・13	武田家印判状	中山之金山衆十人	深沢城攻め奉公籾子宛行	中山金山	1653
5	元亀2・2・13	武田家印判状	田辺四郎左衛門尉	沢城攻め奉公褒美条目	黒川金山	1645★
		以下、同日付同文での宛名のみ摘記。中村段左衛門・田草川新左衛門尉・古屋清左衛門・芦沢兵部左衛門尉・中村与右衛門尉・保科喜左衛門尉・鈴木八太夫(以上七通)				
6	天正2・9・9	武田家印判状	信州金山衆	榛原郡知行宛行		不明
7	天正2・12・23	武田家印判状	田辺四郎兵衛尉	先判宛行安堵	黒川金山	2421★
		以下、同日付同文での宛名のみ摘記。中村二兵衛・池田東市佑・古屋七郎右衛門尉・芦沢兵部左衛門尉・中村大倉・保坂次郎右衛門尉・古屋清左衛門・山本重太夫(以上九通)				
8	天正5・2・11	武田家印判状写	黒河金山衆	金山黄金出来、諸役免許	黒川金山	2767
9	天正5・12・19	穴山信君判物	竹河肥後守	川胡桃場藤左衛門跡式申付	富士金山	2902
10	天正8・6・19	武田家印判状	田辺民部右衛門尉	金山黄金出来、先判宛行安堵	黒川金山	3360★
		以下、同日付同文での宛名のみ摘記。田辺善左衛門尉・依田兵部左衛門・風間一角(以上三通)				
11	天正8・11・13	有泉昌輔証文	望月弥助	遺跡の屋敷堀間安堵	富士金山	3447
12	天正9・2・吉	武田家印判状	田辺新兵衛尉	「尉」位官途付与	黒川金山	3507
13	天正9・5・吉	武田勝頼官途状	田辺善丞	田辺氏に「丞」位を付与	黒川金山	3555

	（参考文書）					
14	天正10・3・6	北条家印判状	美濃守	金山衆麓衆、大宮司申寄り	富士金山	
15	天正10・7・18	黒沢繁信書状写	金山各衆中	忠節陣下へ申上	黒川金山	
16	天正10・8・5	徳川家康印判状写	金山衆	恵林寺領内知行宛行	黒川金山	
17	天正10・8・5	徳川家康印判状写	田辺佐渡守	小田原手作前宛行	黒川金山	
18	天正10・12・13	徳川家奉行人連署状写	百姓中	田辺佐左衛門へ新恩宛行	黒川金山	
19	天正11・3・14	穴山勝千代印判状	河口六左衛門尉	棟別・堀間諸役免許	中山金山	
20	天正11・4・21	徳川家康印判状	田辺佐左衛門	先証免許、黄金令増長	黒川金山	★
		以下、同日付同文での宛名のみ摘記。田辺喜三郎ほか七人・依田平左衛門尉ほか八人・田辺善之丞・保科惣左衛門尉（以上四通）				
21	天正11・4・21	徳川家康印判状写	黒川金山衆	黄金令増長、諸役免許	黒川金山	
22	天正11・4・24	徳川家康印判状写	田草川新左衛門尉	先証免許、如軍役衆	黒川金山	★
		以下、同日付同文での宛名のみ摘記。池田東市丞・田辺喜三郎・芦沢平部左衛門尉（以上三通）				
23	天正11・4・26	徳川家康印判状写	黒川金山衆	金山黄金出来間、諸役免許	黒川金山	
24	天正11・5・3	徳川家康印判状	金山二十二人衆他	城攻奉公、郷次普請役免許	富士金山	
25	天正11・6・2	徳川家康印判状	田辺佐左衛門	定納本給改替	黒川金山	
26	天正16・潤5・14	徳川家康印判状写	金山衆	山金・川金・芝間可掘	黒川金山	
27	（　）3・22	大久保長安条目覚	田辺庄右衛門他	筋金百貫参候	黒川金山	
28	文禄2・11・9	浅野長吉印判状写	黒川衆・安部衆	山金・川金・芝間可掘	黒川金山	
29	文禄3・3・9	浅野長継長吉印判状写	黒川衆・安部	黄金可掘	丹波山金山	
30	寛永17・11・22	甲州黒川金子伝左衛門ほか願状写		延沢金山採掘願写	黒川金山	
31	慶安元・6・吉	甲州黒川角左衛門ほか願状		延沢金山採掘願写	黒川金山	

出典の番号は「武田遺文」。石黒文書は石黒敬幸氏所蔵文書。

参考文書については、『甲斐黒川金山』（黒川金山遺跡研究会、一九九七年）より再録した。★印は同日同文で別人宛の文書あり。

本表でも明らかなように、その出典の大多数が徳川期以降の参考文書も含めて黒川金山に関するものであり、他には富士金山（富士宮市）・中山金山（下部町）に関するものが数点ずつあるにすぎない。しかも原本の残っているものは、田辺氏など黒川衆の一部と富士金山衆の竹川氏宛のものに限られており、その他は写が多いといった特徴がある。とりわけ湯之奥金山に関係していたとされる湯之奥村・門西家文書については、戦国期での金山関係文書は一点もなく、近世中期からのものがみられるにすぎず、開発当初からの金山衆であったとはいえない。(8) また天文十二年（一五四三）五月一日付けで、早川筋の村田善九郎宛に穴山信友が与えた判物（「武田遺文」一六三号）(9)に、「小沢之すじかせぎ」とあるものを、保金山（早川町）に関連するものとする考えもあるが、これには「きり出奉公」とあり、材木調達を命じたものであり適切な事例ではない。しかしながらこの地域でも小規模金山のあったことは、残存遺跡などによって確認されている。

ところでこうした数少ない文書は、当時の状況を具体的に物語るものであり、正確な解釈と位置づけが必要とされている。個々の文書内容に関しては、次節以下で必要に応じて引用していきたい。

二　主要金山の経営

ついで甲斐国内での主要金山である黒川と湯之奥金山についての調査結果を中心に、その経営実態をみておきたい。黒川金山に関してはすでに二冊の調査報告書が出されているほか、(10) 後述するように、調査に参加された人々による個別の研究成果も発表されている。

まずその位置については、塩山市東部（甲州市）の多摩川源流地域である萩原山内を中心とした山岳地帯であり、その西側の笛吹川水系に属する高原地にまで広がる地域であり、その地域内の黒川千軒・女郎ゴー・寺屋敷と称した三地点を中心に発掘調査が実施されている。これらの場所にはテラスと称する平地があり、多数の鉱山跡が存在する場所であったという。柳沢峠の開通(明治十一年)以前には、大菩薩峠を越えて丹波山・小菅方面に抜けており、西側は物資運搬路として裂石(塩山方面)に至る道が開けており、その先には黒川金山の金山衆が集住していた下於曽・熊野集落があった。

考古学的にはまず鉱山町遺跡としての黒川千軒跡地が発掘され、テラスの存在と多数の坑口が確認されたが、坑道については崩落が激しく十分な調査は出来なかったとしつつも、その発掘物から十六世紀前半の可能性が高いという。黒川千軒地域だけで八ケ所の地点が発掘されており、石臼・陶磁器片・金属用具・各種銅銭などが拓影などによって報告されている。同様に女郎ゴーと寺屋敷地域の一部も発掘され、寺屋敷遺跡からは経石と称する一字一石法華経を墨書したものが多数出土しているが、その年代は江戸期とするが確定できないという。なお、この発掘調査で中心的な役割を果たした今村啓爾氏がその成果を一般書としてまとめている(11)。

ついで古文書調査の結果が報告されている。前掲した第一表との関連でこちらを中心に金山発展の経過をみていきたいと思う。考古学的な調査からも黒川金山での採金の最盛期は武田信玄・勝頼期とされ、それ以前にも砂金採集などによる採金活動が行われていた可能性は高く、金山の発見がいつ頃まで遡れるかは確証がないとされているが、文献上では「日蓮年譜」に文永六年(一二六九)に日蓮が黒川に遊化したとあるが、これは地名のみの表記で金山記事はみられない。後に武田氏の金山となる駿河・阿倍金山(静岡市川根町)では、永正十四年(一五一七)八月十九日、今川氏親が遠江・引間城(浜松市)攻めに、阿倍の金掘衆が城中の筒井戸を掘り崩して勝利したことが明らかにされており(12)、この金山は武田氏時代にも稼働していた形跡が確認されている(13)。

黒川金山に関する初見文書は、第一表No１の天文十三年（一五四四）六月の金山之佐渡守宛の武田家竜朱印状であるが、これについては清雲俊元氏が考証しており、[14] もとは下於曽の金山衆・風間家が所有していた四通の信玄朱印状の中の一通で、宛名の佐渡守は風間氏であるとする。風間氏宛には別に南佐久郡川上村の風間春雄家に、第一表のNo８・10・21の三通が伝わっており確かなことと思われる。風間氏は黒川での産金量が衰退したので川上村梓山に移動したものである。なおこの文書は国立公文書館内閣文庫所蔵の影写本「諸州古文書」五に、藤木（塩山）の放光寺所蔵として収録されており、本文の末尾が欠けていると思われ、宛名は別筆との意見もある不安定な状態のものであるが、偽文書とは思われず、黒川金山に関する初見文書として貴重なものである。

ついで注目されるのが第一表のNo５であり、これは同日・同文で宛名の異なるのが八通確認されており、よく引用される著名なものではあるが、黒川金山に関する基本文書であるので、念のためその全文を示しておく。

［史料一］　武田家竜朱印状（塩山・田辺早苗家文書、「武田遺文」一六四五号）

定

一、御分国諸商、一月ニ馬壱疋之分、役等御免許之事、
一、本棟別壱間之分、御赦免之事、
一、向後抱来候田地、如軍役衆、可被停検使之事、
一、郷次之人足普請、被禁之事、

以上

於今度深沢之城、別而致奉公候間、被加御褒美者也、仍如件、

元亀二年辛未　山県三郎兵衛尉　奉之

二月十三日　（竜朱印）

田辺四郎左衛門尉

これは前述した第一表No４と同日付けであり、同じく深沢城攻めに関するものであるが、表示内容には四ケ条が追加されており全く異なるものである。つまりこの時に黒川・中山の金山衆が大勢深沢城攻めに動員されていたことを示しており、四ケ条の内容は参戦奉公への褒美であり、商売役免許・本棟別役一間免除・軍役衆並に田地検使の停止・郷次の人足普請役の赦免を通告したものである。この内容については金山衆の性格に関わるものであり、節を改めて問題にしたい。

この八通の残存状況を宛名別に第二表としてまとめておくと、以下のようになる。

第二表　元亀二年二月の武田氏による黒川金山衆宛名表

No	所蔵者名	原写別	宛名記載名	出典
1	田辺早苗家	原	田辺四郎左衛門尉	1645
2	中村常福家	原	中村段左衛門尉	1646
3	強瀬村某家	写	中村与右衛門尉	1647
4	芦沢喜太郎家	原	芦沢兵部左衛門尉	1648
5	井尻源家	原	保科喜左衛門尉	1649
6	栃久保村某	写	田草川新左衛門尉	1650
7	山梨県誌	写	鈴木八太夫	1651
8	古屋嘉幸家	原	古屋清左衛門	1652

出典の番号は「武田遺文」

八通の内五通の原本が残っており、当初から個別の金山衆へ与えたものであることが明らかである。徳川期になってからの連名宛名のものや、単に「金山中」と表記されているものとの相異点がはっきりしている。武田期のもので、勝頼へ代替わり直後の天正二年（一五七四）十二月には、同じく同日付け同内容で一斉に宛てられたのが以下の文書である（第一表No７）。

［史料二］武田家竜朱印状（塩山・田辺早苗家文書、「武田遺文」二四二一号）

定

以前御印判、被宛行候条々、自今以後も、聊不可有御相違之旨、被　仰出者也、仍如件、

天正二年甲戌
十二月廿三日（竜朱印）　釣閑斎
奉之
市川備後守
田辺四郎兵衛尉

これと同日付けで同文のものは合計で一四通が確認できるが、そのすべてが黒川金山衆に関するものではなく、他の奉公事項に関係した人への先判安堵である。黒川金山衆に関係したものは以下の九例である。

第三表　天正二年十二月の武田氏による黒川金山衆宛名表

出典の番号は「武田遺文」

No	所蔵者名	原写別	宛名記載名	出典
1	田辺早苗家	原	田辺四郎左衛門尉	2421
2	芦沢喜太郎家	原	芦沢兵部左衛門尉	2422

3	中村常福家	原	中村二兵衛	2423
4	古屋嘉幸家	写	古屋七郎右衛門尉	2424
5	古屋家	原	古屋清左衛門	2425
6	山本家	写	山本重太夫殿	2426
7	日連村某家	原	中村大倉殿	2428
8	池田甚一家	原	池田東市佑	2419
9	保坂家	原	保坂次郎右衛門尉	2420

この中のNo8と9には、この本文の前に[史料一]で示した四ケ条の褒美内容が明記されており、別途の動員であり本文では約諾文言が付されていて若干ニュアンスが異なっているが、これらのものすべてが、元亀二年二月の内容を再確認安堵したものであって、ここでも原本で残っているものが多く、しかも個別人宛であるが、これらによって第二表と三表の宛名の人々が、武田氏時代での黒川金山衆の全貌に近いものとみてよいかと思われる。重複分を除いても一二人が確認される。しかし第一表No8によると、天正五年二月段階での黒川金山衆宛の武田家朱印状には、「於金山黄金無出来之条、一月馬壱疋分、諸役御免許之由」とあって、すでに産金量は減少しはじめていたことが明らかである。

この点は徳川期に入っても当初は大きな変動はなく、天正十一年四月二十一日付けの徳川家康印判状(第一表No20)では、以下のような安堵内容になっている。

[史料三] 徳川家康朱印状写(塩山・田辺早苗家文書、『甲斐黒川金山』より)⑮

除田地役其外公事以下、本棟別之外懸銭、新屋棟別銭、壱人ニ壱百宛、並印判衆役新宛、四壁之竹木、叨ニ剪採
等之事、

右如先証令免許畢、但如前々黄金令増長者、此朱印可令返進者也、仍如件、

天正十一年

卯月廿一日（朱印欠）　日下部兵右衛門尉

成瀬吉右衛門尉

奉之

田辺佐左衛門尉

武田氏時代の安堵状の内容と異なっている点は、本棟別役の外に懸銭・新屋棟別銭・印判衆役・屋敷竹木保護条項が追加されており、逆に商売役免許・軍役衆に準じた検使停止・郷次人足普請役免許の条項は削除されている。この点をどう解釈するのかが問題であり、とりわけ元亀二年段階でみられた商売役免許・軍役衆に準じた検使停止・郷次人足普請役の免許条項の削除が注目される。この対応の変化は、この本文中に「如前々黄金令増長者、此朱印可令返進者也」とあるように、黒川金山での産出量が減少しつつあったことの反映と思われ、その対策であろう。因みに〔史料三〕の宛名のみを表記してみると、以下のようになり、単独宛名の者は田辺氏一族のみとなり、他は連記される扱いとなっており、この時点では田辺氏の優位的な立場が確認される。

第四表　天正十一年四月の徳川家康による黒川金山衆宛名表　（出典は『黒川金山史料』）

No	所蔵者名	原写別	宛名記載名
1	田辺早苗家	写	田辺佐左衛門尉
2	田辺早苗家	写	中村弾左衛門尉・依田平左衛門尉・大野将監・風間庄左衛門尉・田辺清九郎・古屋次郎右衛門尉・田辺四郎左衛門尉・依田宮内左衛門尉
3	田辺源吾家	原	田辺喜三郎・同名清九郎・古屋・同名清左衛門・同名七衛門・中村弥左衛門・保坂次郎右衛門

4	風間春雄家	写	田辺善之丞
5	「大泉叢誌」	写	保科惣左衛門尉
6	田辺早苗家	写	黒川金山衆

原本はNo3の一点しか残っておらず、単独宛名のものでも田辺早苗家所蔵のものは写である。この中でNo6のみ宛名表記と本文内容が異なっており、黒川金山衆の全員に対して、産金の減少に対処するため、「一月ニ馬壱疋分諸役」を免許したものである。この時期になると産金量が減少傾向になったようであり、天正十六年閏五月十四日付けの金山衆宛の徳川家印判状写(第一表No26)では「分国中山金・川金・柴原諸役免許」と坑道掘りほかの砂金採集をしながらも、「譜代之者何方有之共、如前々可返之事」として(『黒川史料』)、新たな制御がなされており、文禄二年(一五九三)十一月九日付けの黒河衆・安部衆宛の浅野家印判状(第一表No28)では、「分国中山金・川金・柴間共可鑿事」とし、「譜代下人何方へ、雖令居住、当主人へ一往相届、可召返事」(同前)とあり、すでに金掘衆の黒川からの撤退状況が起こっている。

なお黒川金山と金山衆に関しては、地元の『塩山市史』(16)と『山梨県史』(17)とで、研究史を踏まえた要点の概説を、笹本正治氏と萩原三雄氏が分担執筆しており、参考になる点が多い。

ついで湯之奥金山についてであるが、これは下部(身延町)の湯之奥地域にあった中山・茅小屋・内山金山の総称で、甲駿国境付近の毛無山西麓に位置しており、戦国期には穴山氏支配下の河内領に属していた。金山峠を越えて駿河側の富士金山と繋がっており、一定の交流もあったようである。『王代記』(18)という窪八幡宮別当寺の普賢寺で書き継がれた年代記録の明応七年(一四九八)条に、「此年八月廿日夜大雨大風、草木折、同廿四日辰刻、天地鳴動シテ国所々損、金山クツレカヽミクツレ中山損」とある記事を、黒川金山に関係したものとの解釈もあるが、この記録は広域での状況も書きとめており、中山とあることによって湯之奥金山のこととみてよいかと思う。

確実なものでの初見文書は、第一表No３であり、永禄十一年（一五六八）十一月に、穴山信君が河内諸役所中宛に、中山郷への出入荷物の通交を許容した過書であり、すでに中山金山での産金活動が活発化していたことを裏付けるものである。No４はその中山之金山衆十人に対して、武田信玄が元亀二年（一五七一）二月に、北条氏方の駿東郡の深沢城（御殿場市）の攻略で奉公した賞として、籾子一五〇俵を与えたのである。その奉公の内容は、深沢城攻撃用の坑道を掘ったというもので、こうした城攻めの坑道掘りに金山衆が動員していたことは、永禄六年二月に武蔵松山城（東松山市）を攻めた際にも行われており、⑲ 元亀四年正月の三河・野田城攻めでも金掘衆を動員している。

No４の宛名が「中山之金山衆十人」となっている点と、前述した同日付けで黒川金山衆に宛てた［史料一］と同じ奉公をしているにもかかわらず、その褒賞内容が籾子一五〇俵と大きく異なっている点が注目される。これは黒川金山衆が個別に把握されて徴発されていたことに対して、中山金山衆は集団として一括徴発されていたことによる違いと思われ、武田氏側での金山衆の掌握度に差異があった結果と思われる。隣接する富士金山に対しては、天文二十年八月に、今川義元が金山への通交の荷駄を許容した朱印状があり、⑳ その状況を引き継いだものである。前述したように、湯之奥地域は穴山氏の支城領域内であって、日常的な所務統治権は穴山氏が管轄しており、武田氏は軍事指揮権や外交交渉権などに関してのみ権限を行使していたことによる。この点からして、金山衆の支配は穴山氏が行っており、第一表No19の天正十一年三月では、穴山勝千代が河口六左衛門尉に掘間の諸役免許を行っている。㉑

三　金山衆と金掘衆

ついで各金山での金山衆（金山主）とその下で実働していた金掘衆（金子・稼働者）について検討しておきたい。前述したようにこの両者は別個の存在として検討する必要があり、この問題に最初に言及したのは桜井英治氏である。(22)桜井氏は黒川金山での現地経営者としての金山衆を一二人特定し、小葉田淳氏の見解である「間歩・掘場の所有者で稼行主であり、山主（山師）である。甲駿地方では、彼等は領主と被官関係をもつ名主的武士であり、金山衆は山主集団であるとともに、武士団を形成していたらしい(23)」を肯定的に理解したうえで、金掘（＝金山衆）の存在形態を検討している。しかし領主と被官関係をもっていたとする点と、武士団を形成していたとの点には異論がある。

まず黒川金山衆の中で最も多くの原本文書を残している塩山の田辺早苗家文書を検討し、その中の前出の［史料一］の残存状況を問題にしている。同日付けで同文の七点を検出しているが、保科善左衛門は喜左衛門の誤読によるものであり、ほかに鈴木八太夫宛のものも確認されているので（「武田遺文」一六五一号）、八通が残っていることになる。これらの証文でいう深沢城攻めでの彼等の功績に関しては、同城攻落直後の元亀二年（一五七一）正月廿日付けで北条氏政が同盟者である上杉謙信に送った書状に、(24)「敵金鑿を入れ、本城外張迄鑿崩」とあるものを紹介しており、前述したように、この時期には金山衆が城の攻略に動員されていた一般的状況があったと思われる。

桜井氏はついで［史料二］で褒賞として与えられた四ケ条の新恩の内容を検討しており、第一条の「分国諸商、一月ニ馬壱疋役免許」は、武田氏領での一般的な商業活動に際しての通交税（関銭）を免許したものであって、産金の売買に限定したものではないとする。しかしこの場合はその宛名が金山衆に限定されていることからすれば、「分国諸商」

の実態は産金の売買を主としたものであったといえよう。

第二条の「本棟別壱間御赦免」については、百姓層では免除されることのなかった本棟別役が、金山衆には免除されていることから、百姓とは身分的な差異があったとする。その差異の実態は、第三条でいう名田に対する検地免除や、第四条での郷次普請役免許であり、その対象となっていたのが軍役衆であったため、この時点で金山衆は軍役衆＝「兵」身分を獲得したという。

さらに桜井氏は徳川期に入っての天正十一年四月段階で出された黒川金山衆宛の安堵状（第一表のNo.20〜22）に、「先証」とある点を問題にし、それに該当する文書は現存せず、時期的には金の減産が確認されはじめた、天正五年（一五七七）二月の武田家印判状写（同No.8）と同時期のものであると推定されている。しかしその「先証」を求めるとすれば、免除内容が具体的に箇条書きされている元亀二年二月の[史料一]とみるのが妥当かと思われる。

また桜井氏は[史料三]の徳川家康朱印状写と、その宛名になっている第四表での人名表記に関して、親方・子方制としての組としての単位集団の存在を想定されており、この点を直接的に示した文書はほとんどみられないものの重要な視点であると思われ、その実態究明が今後の課題として残されている。

こうした黒川金山衆の存在形態について、最初に検討を加えたのは清雲俊元氏であり㉕、甲州市塩山の下於曽屋敷周辺に中世豪族屋敷の多いことに注目し、その中に金山衆のものが多く確認されるとして、下於曽での田辺・依田・風間・池田・若月家のほか、その周辺地での上萩原の中村家、熊野の依田・深沢家、赤尾の保坂家などについての関連文書を示し、それぞれがかつては田辺家のように、東西五五間南北六〇間の屋敷地の周辺を土塁で囲み、南側に木戸口を設け、屋敷内に水路を通し庭内に池を設け、北東隅に屋敷神を祀っている典型的な豪族であったという。

ついで前述した桜井氏の所説となるが、金山衆は掘場の所有者（金山主）で、領主と被官関係をもつ名主的武士であり、山主集団として武士団を形成していた可能性があるとしている。さらに元亀二年二月以降の状況としては、百姓身分とは異なり、軍役衆化が計られたとするが、領主との被官関係や武士団を形成していたという点については、何ら論証を経たものではないといえよう。これらの点よりみて、黒川金山が武田氏の直轄的支配下にあったとの説は成立せず、金山衆は自立した経営主体性をもって武田氏との特典供与と奉公の関係を維持していたものであり、こうした関係は湯之奥金山ほかでも同様であったとみられる。

これらに対して前述した『塩山市史』(通史編上巻)㉖で、笹本正治氏は元亀二年の印判状から、まず商人としての性格を持ち、金山衆は武士ではなく農業経営者としての側面が強く、正規の軍事力を担った軍役衆(武士)ではなく、職人衆として把握されていたとする。さらに金山衆と金掘衆との違いについても、金掘衆は金山衆が抱えた技術者集団であったとしている。

この問題については、鈴木将典氏も言及しており㉗、同じく元亀二年の武田氏の印判状の内容解釈について、それまでの研究史を整理した後、各説での問題点を指摘している。その中でこれまで知られていなかった田辺氏宛の二点の文書を紹介しており、その一通は武田氏のものであり、以下のような内容のものである。

[史料四] 武田家印判状写(石黒敬幸氏所蔵文書、第一表No2)

(竜朱印影)
小田原門屋之事、自今以後可相勤年貢、対領主並商人、不可企非義者也、仍如件、
とく別にて中上候付、重々聞届、可被下知者也、

永禄三庚申
卯月十八日
田辺清衛門

宛名の田辺氏がこの時期に黒川金山衆の中心となっていた四郎左衛門尉の一族であったことはよいとしても、この文書には不安定な部分があり、これをもって手作地をもつ有力百姓＝土豪的金山衆と位置づけるには問題点が残る。なお金山衆の中での親方・子方関係については桜井氏説を支持しており、とくに子方としての金掘職人衆は、黒川での産金の減少に伴って、他所での産金活動を求めて漂泊を始めていたとし、武田氏末期から徳川初期にみられる、馬一疋分の諸役免許は移動の自由を許容したものという。しかし、この点は金掘衆を対象にしたものではなく、金山衆に当初から付与されていた商業活動への特権を再確認したものとみるべきである。

鈴木氏は最後に金山衆の再評価として、金山衆は地域的な武力集団でも特殊な技術を持つ職人集団でもなく、金の採掘を目的に集まった地元の商人資本家と他所からきた金掘職人の混成集団であったとしている。

しかしいずれの場合も、元亀二年以前での金山衆の組織や活動内容の実態を示すような文書は皆無の状態であり、武田氏との関係やその商業経営や農業経営の状況も明らかではなく、再検討の余地が残されたままである。つまりは[史料二]が武田氏との関係や経営実態を示した最初のものではなく、現存はしていないがそれ以前から非軍役衆としての武田氏との関係があった可能性は高く、その根拠としては金山衆の多くが一般農民とは異なり「尉」付きの名乗りを称しており、免許対象となった商売役・本棟別役・田地・郷次普請役などについて、すでに武田氏によってそれ以前から一定の掌握がなされていた状況があったからと思われる。この点から初期段階では軍役とは関係のない金の生産活動や流通に奉仕させられていた可能性が高く、その関係は軍役衆とは異なるゆるやかな提携関係である印判衆としての扱いであって、必要に応じて印判状によって御用奉公など申し付けられ、その代償として本来負担すべき諸役の一部を免除されていた階層の者達であったと判断される。

印判衆に関してはかつて検討したことがあるが(28)、結論としては郷村内での有力農民層（地下人）であり、武力も保有し領主層に対抗する経済力や組織力も一定程度あり、村落内の主導層であって、地主としての農業経営のほか、商業活動や職人頭として自立経営を展開している場合もあり、武田氏はそうした有力地下人層を御用として奉仕させて権力内に取り込むために、その代償として諸役免許の一部などを免除する印判状を与えていたとする。これらの印判衆は永禄期になってみられるようになる階層であり、大名の軍役量が過大となってきた状況の中で、本来の軍役衆の不足を補うものとして軍役新衆として印判衆が軍役衆に準じていく存在であったとした。こうした点より、元亀二年二月の段階で「如軍役衆」とあったとしても、本来的に武田氏と主従関係のあった軍役衆とは同等のものとは思われず、基本的には自立した従来の経営をさらに強化する結果を獲得したものと思われる。

四　甲州金の創始と運用

以上のような金山開発の状況を把握することによって、武田氏は独自の貨幣として甲州金を創出している。最初にこの問題に言及したのは赤岡重樹氏であって[29]、戦国期から江戸期にわたっての貨幣の変遷を通覧した中で、黄金・金貨の使用例に言及している。黄金については甲州金の創出以前に武田晴信より、天文十四年(一五四五)に近江の多賀大社に厄除け祈願をした際に、黄金二両を奉納したほか(「武田遺文」一九八号)、京都・清水寺や高野山・成慶院などに黄金を寄贈しているという。

甲州金に関しては信玄時代に造られた太鼓判(縄目金)・碁石金・板金があり、古甲金といって、松木・野中・志村・山下の四家で鋳造していたが、江戸期に入り松木家のみが金座として残り、他家は没落したため武田氏時代の記録は少なく、銀貨・銭貨などとの換算率もはっきりしないという。

ついで入江芳之助氏が甲州金の歴史について言及しており[30]、古甲州金について江戸初期に谷重遠（秦山）がまとめた『秦山集』に、「信玄始、命七左衛門、作甲州判一分判以下也」とある点に注目して、信玄が金座の松木七左衛門に命じて最初の甲金を鋳造した可能性が高いとする。以下、各種の古甲州金のうちの碁石金・露小判・宝字金などは、松木判以前に鋳造していたという。その後の甲州金の実際の使用例としては、いずれも徳川氏の統治下になってからのものばかりであり、幕府による慶長小判の発行によって、公納金は小判で納入すべきこととなり、その換算率は慶長小判十両に対し甲金十二両の比率であったという。

つづいて上野晴朗氏の論考があり[31]、武田氏時代の古甲金は板金であって、すでに秤量貨幣として通用しており、その換算率は一両が一貫六五〇文であったという。こうした黄金使用の事例は信虎の代から確認できるとし、砂金と併用されて信虎末期には金の溶錬と鋳貨に成功していたという。一九七一年に勝沼町下岩崎（甲州市）の葡萄園で発見された板金・碁石金が多数の銅銭とともに出土し、その法量は不揃いで刻印もなく、古甲金といわれる純度の高いものであったことを紹介しており、すでに貨幣として使用されていた可能性が高いという。

また萩原三雄氏はそれまでの研究史を整理し検討した結果[32]、甲州金が地金から金貨に如何に移行したかを問題にし、金貨制度の完成は武田氏滅亡後の織豊期か、遅くとも江戸初期との説を支持する一方で、戦国期の武田氏領内で出土した「甲州金」のいくつかの発掘事例に改めて注目し、前述した上野晴朗氏が紹介した福寺遺跡（勝沼町下岩崎）では、純度の高い碁石金などが大量の銭貨とともに出土した点や、春日居町下岩下（笛吹市）出土の大判金三枚（東京国立博物館所蔵）の一枚には「上」字の刻印があり、碁石金の約一〇倍の量目であり、贈答用として用いられた甲州金である可能性が高いとする。

さらにこうした甲州金産出と背景として、金山遺跡から出土した金付着土器にも注目し、金の精錬工程で付着したものとし、併せて金鉱石の粉成に用いる挽き臼や磨り臼も多く出土しており、戦国期での武田氏領での産金量は高かったとする。その上で甲州金の貨幣化については、永井久美男氏が諏訪大社秋宮出土の金貨の計量によって、信玄が戦いの際の恩賞として携行していた碁石金は、極印のない金粒として近世的な金貨の初期段階のものかとの指摘に関しては、(33)戦国期での甲州金の出土例やその使用例などからしても、十五世紀末から十六世紀初頭での産金の増産がその背景になっていたとし、早い段階から金の貨幣化は進行していたと判断されている。

この点に関連させて、平山優氏も甲州金の成立過程を問題にしており、(34)甲州金は武田氏が本格的に鋳造を開始し、山下・志村・野中・松木氏の四家が金座役人として鋳造をし、徳川期には松木氏のみが金座を許容され、松木了存・紹哲父子がその任に当たったという。金座担当となった大久保長安が慶長十八年(一六一三)に失脚後は、松木五郎兵衛のみが金座役に再任され、武田氏時代からの各種の秤量貨幣としての古甲金を鋳造し続けている。掲載している「松木氏略系図」によると、五郎兵衛は了存の弟とされている。

平山氏は永禄十二年(一五六九)十月廿六日付けの松木次郎三郎宛の武田家朱印状(「武田遺文」一四六六号)をあげてこれを松木善明の子とし、これが松木氏初代の松木正利(梅安)とする。しかし前述した「松木氏略系図」類ではその存在が確認できない。とはいえ同家では別に以下のような文書を所蔵している。

[史料五]　後藤光次ら連署状写(松木紀道家文書、『新編甲州古文書』四三五号文書)

急度申入候、仍其元之金子、碁石にてまね判多候間、のし金に江戸小判のことく、可仕由御意ニ候、金二三両のしのへ、右之分に致候て、可被懸御目尤候、恐々謹言、

以上

正月十一日　後庄三　名　花押

成隼人　名　花押
大石見　名　花押
松木五郎兵衛殿

これは年未詳であるが、すでに研究史によって慶長十三年と推定されており、この五郎兵衛が甲州金座頭であったことは確かである。内容は甲州金（碁石金ほか）を江戸小判に仕立て直して、それを見本として二三両進上せよというのであるが、しかしその一方で松木源十郎も甲州金座頭であり、早くから領国内の金山経営に関与して蓄財し、武田家の御用商人となり、武田氏滅亡後には徳川家康に仕えて甲州金の極印を勤め、城下の拡大とともに柳町に抱屋敷を拝領し、隠居後は了存と称して町年寄役も勤めていたとの説もあり、この二家の松木家の関係についてははっきりしない点が残されている。いずれにしてもこの松木家によって甲州金の吹替えが進められ、江戸小判に収斂されていくこととなる。

平山氏は「松木家文書」中にあるほかの年未詳の幕府奉行人ら連署状の年代推定もしており、九月三日付けで松木五郎兵衛に宛てた成瀬正成書状を慶長十四年と推定している。これが［史料五］より後に出されたものとの判断は、文中に「去年其地より納候江戸判金」とあることによっても確かなことといえる。

ついで平山氏は、慶長十四年五月三日に全国の諸大名宛てに出された幕府奉行人連署状（千秋文庫所蔵の佐竹家文書ほか）によって、灰吹金や筋金吹金の鋳造を停止させており、この時に甲州金も鋳造禁止令の対象になったという。これは慶長六年に幕府制定の慶長小判の有効性を維持するためのものであり、偽造金銀貨の鋳造を禁止したものであり、甲斐国では松木五郎兵衛のみに甲州金改鋳の鋳造権が許容されることとなったとする。

ところで戦国期での甲州金の使用例については、海老沼真治氏が総括しており(35)、武田氏の経済上で黄金がどれほどの位置を占めていたのかを問題にしている。その基礎作業として武田氏関係文書にみられる黄金・金子表記について、信虎以前・晴信期・信玄期・勝頼期の四期に分けての一覧表を作製しており、その総数は七〇件に及んでいる。時期的には晴信・信玄期のものが半数を占めており、その使用例は前代から武田氏と関係の深い国外の大寺社への贈答が大部分を占めていることが判明し、その秤量表記も「両」に限られており、またどの時期においても当主以外の親族・重臣層らにも使用例が認められるとする。

ついで、こうした黄金がすでに貨幣として機能していたかについては、黄金が支払の交換手段として貨幣の一部を担っていたとし、永禄末年から天正初年頃までには、領国内での各階層で支払の交換手段としての広がりをもみせているという。さらに最もその事例の多い寺社への贈答品として使用の場合についても、祈禱や贈答物の代価として送付したものであり、交換手段として使用したものであるという。また軍役関連での恩賞としても黄金を与えた場合があり、知行給付を基本とする家臣層以外の非御家人層に対しては、一時的な対応として黄金や銭貨が与えられており、これらも恩賞の対貨として使用されたものであり、その具体例については、別稿で『甲陽軍鑑』の記述を中心に事例紹介がなされている(36)。

さらに西脇康氏も、甲金の地金から金貨への移行を問題にしており(37)、甲金は碁石金のほかに蛭藻金・方形判金・露金・児玉金などの秤量金貨があり、これらの中には「甲」と刻印されて秤量金貨として使用したものもあり、武田家滅亡後の織豊期には甲州金座と称される山下・志村・野中・松木氏の四家が、武田氏時代の蛭藻金・露金などの吹替・極印によって計数金貨として通用させているという。

前述した西脇康氏によれば、慶長十三年正月、江戸金座頭の後藤庄三郎光次によって、松木五郎兵衛にのみ碁石金を「江戸小判」と同じように仕立てるよう命ぜられ、これが「松木小判」と称されて、吹替の独占権を獲得し、甲州金座の成立をみているという。これ以降に「甲州判屋」を世襲していった松木氏については、初代とされる了存が慶長六年に死去されたとされているが、一方では五郎兵衛＝了存とするのもあり、その関係ははっきりしていないようである。

まとめに代えて

筆者はこの問題について初めての挑戦である。多くの研究成果のあることは承知していたが、検討する機会がなく、金山の発掘現場も見学したことがなかった。しかし、武田氏の経済的基盤の一角を占めていた金山の開発と黄金や甲州金の運用に関しては関心をもっていた。

本稿では、武田領での代表的な金山遺跡である黒川金山と湯之奥金山での発掘事例と文献調査の結果を参考にして、まず武田氏時代から徳川氏初期での金山に関する文書一覧表を作製し、同日付けで同一内容のものが複数の者に宛てられていることに注目し、その時期が金山開発の画期になっていたことを論証した。

ついで黒川金山での残存文書を中心に、金山経営を担った金山衆について検討し、広義の金山衆の中には経営主体であった金山主と、その下で実働していた金掘衆とがあったとの通説を容認し、金掘衆に関しては具体的な動向を示した史料の少ないことから、金山主としての金山衆に焦点をしぼって、その身分的な階層性や武田氏との関係を検討した。その結果、金山衆は名主的農業経営を基本として豪農化していた地域の有力農民であり、武田氏との主従関係のない自立したものであり、その資財を金山経営に投入し、さらにその産金の活用に関して武田氏と関係をもつようになり、産金の納入や城攻めの際の金掘衆の参戦などの奉公をし、その代償として商売役免許ほかの特典供与を受けていたことが確認できた。

こうした金山衆が、元亀二年(一五七一)二月の駿河・深沢城攻めに動員された際の武田家印判状にみえる代償文書に「如軍役衆」とあることによって、この時点で金山衆も武田氏と主従関係にあった軍役衆と同等になったとする見解もあるが、この点はあくまでも「准」の提示であって、被官関係の成立を意味したものではないと判断する。この点でこの両階層の中間に位置する扱いを受けていた印判衆の存在に注目し、金山衆も印判衆の一部であったと結論した。

ついで金山の間接的な掌握によって、武田氏は独自の流通貨幣としての甲州金を創出しているが、それ以前から黄金として地金を京都の大社寺に贈与していた事例は多く紹介されており、地金から甲州金として貨幣化した時期については、いくつかの発掘事例によって十六世紀初頭が妥当との見解に落ち着いているようである。この時期での甲州金の鋳造に関係していた四家のうち、江戸初期には松木氏のみが甲州金座頭として残り、幕府から甲州金の改鋳を命ぜられているが、この松木氏一族に関しては良質の系図がなく、二系統の松木氏があって武田氏時代からの整合的な説明が困難な状況になっている。

注

(1) 小葉田淳「甲斐・信濃・駿河の金山―武田時代の稼業を中心に―」(『日本鉱山史の研究』(岩波書店、一九六八年)。

(2) 奥野高広『武田信玄』(吉川弘文館、一九五九年)。

(3) 笹本正治「戦国大名武田氏の金山支配をめぐって」(『帝京大学山梨文化財研究所研究報告』三集、一九九〇年。後に著書『戦国大名武田氏の研究』思文閣出版、一九九三年に再録)。

（4）萩原三雄①「甲斐の金山と武田氏」（『定本武田信玄』高志書院、二〇〇二年）、②「甲斐金山に関する覚書」（『山梨県考古学協会誌』一八号、二〇〇八年）。
（5）萩原三雄「鉱山史研究における考古学―金銀山遺跡を中心に―」（『帝京大学山梨文化財研究所研究報告』八集、一九九七年）。
（6）丹波山金山遺跡学術調査団「丹波山金山遺跡第一次学術調査概報」（『武田氏研究』二七号、二〇〇三年）。
（7）旧保野瀬村百姓所蔵文書（『新編甲州古文書』二二八一号）。
（8）堀内亨①「文献からみた湯之奥金山・湯之奥村」、②「湯之奥金山と門西正勝家文書」（湯之奥金山博物館編『金山史研究』古文書研究編、二〇一五年）。
（9）柴辻ほか『戦国遺文』武田氏編一～六巻（東京堂出版、二〇〇二～〇六年）。以下、本書を「武田遺文」と略記する。
（10）黒川金山遺跡研究会①『黒川金山史料』（塩山市、一九九一年）、②『甲斐黒川金山』（塩山市教育委員会、一九九七年）。
（11）今村啓爾『戦国金山伝説を掘る―甲斐黒川金山衆の足跡―』（平凡社、一九九七年）。
（12）「宗長手記」（『群書類従』正編一八輯日記部収録、『静岡県史　資料編七』六五五号）。
（13）新井正『天領　梅ケ島金山史』（梅ケ島村史刊行会、一九八七年）。
（14）清雲俊元「金山衆「山之佐渡守」考」（『甲斐路』五一号、一九八八年）。
（15）注（10）②。
（16）塩山市史編さん委員会『塩山市史』通史編上巻（塩山市、一九九四年）。
（17）『山梨県史』資料編7、考古資料（山梨県、二〇〇四年）、通史編2、中世（二〇〇七年）。
（18）『山梨県史』資料編6、中世3上、県内記録（山梨県、二〇〇一年）。

(19)『甲陽軍鑑』品四十八(酒井憲二『甲陽軍鑑大成』汲古書院、一九九四年)。
(20)竹川文書(『静岡県史料』第二輯、静岡県、一九三〇年。一九九六年に角川書店より復刻)。
(21)笹本正治「戦国時代から近世にかけての湯之奥金山」(下部町ほか編『湯之奥金山遺跡の研究』一九九二年)。
(22)桜井英治「金掘と金山衆―甲州黒川金山衆の近世化をめぐって―」(石井進編『中世をひろげる』吉川弘文館、一九九一年。後に『日本中世の経済構造』岩波書店、一九九六年に再録)。
(23)小葉田注(1)三〇五頁参照。
(24)『戦国遺文』(後北条氏編、第二巻一四六二号)。
(25)清雲俊元「黒川金山と土豪屋敷」(『山梨県の中世城郭跡』山梨県教育委員会、一九八六年)。
(26)注(16)に同じ。
(27)鈴木将典「黒川金山衆の存在形態について」(『武田氏研究』二六号、二〇〇二年)。
(28)柴辻「武田氏領の御印判衆」(『戦国期武田氏領の研究―軍役・諸役・文書―』勉誠出版、二〇一九年)。
(29)赤岡重樹「甲斐貨幣の変遷」一～三(『甲斐路』三・五・六号、一九六一～六二年)。
(30)入江芳之助「甲州金の歴史」(『甲斐路』二〇号、一九七一年)。
(31)上野晴朗『甲斐武田氏』(新人物往来社、一九七二年)。
(32)萩原三雄「甲州金成立期の一過程」(『帝京大学文化財研究所研究報告』一六集、二〇一七年)。
(33)永井久美男「諏訪大社秋宮出土の金貨」(『出土銭貨』一四号、二〇〇〇年)。
(34)平山優「近世初期甲州金成立過程の研究」(『中近世甲斐の社会と文化』岩田書院、二〇〇五年)。
(35)海老沼真治「武田氏における黄金の使用例について」(柴辻編『戦国大名武田氏の役と家臣』岩田書院、二〇一一年)。

（36）海老沼真治「『甲陽軍鑑』における金の使用事例」（『山梨県立博物館紀要』七集、二〇一三年）。

（37）西脇康「甲州金の吹替・両替・金位」（『山梨県史研究』一二号、二〇〇四年。後に著書『甲州金の研究―史料と現品の統合試論―』日本史史料研究会、二〇一六年に再録）。

（十六世紀史研究学会編『十六世紀史論叢』一四号、二〇二一年三月）

第三章　武田氏領の伝馬制度と商品流通機能

はじめに

この問題については、かつていくつかの論文を発表して検討したことがある[1]（以下、柴辻①～⑤と記す）。

柴辻①が最初の総括的な論考であり、先行していた相田二郎氏の成果[2]を整理吸収した上で、改めて武田氏の伝馬制度関係文書のすべてを編年で検討し、その制度としての確立経過と、伝馬役の税制的な位置づけとして棟別役や普請役・軍役との関連性と、商品流通策との関連について検討したもので、この研究の出発点であり、その要点は研究史として本稿の中で再説したいと思う。

柴辻②は、伝馬役負担農民が郷別の棟別帳によって大名に掌握されており、従来の公事・諸役の転換や免除によって伝馬役が設定され、伝馬役の増大は大名の軍役強化と、領内の経済活動の促進展開がその背景にあったとした。ここでは主に領民の商業活動と関連して、伝馬手形とともに過書と諸役免許状での馬の記載に注目し、関所の存在と市場の開設状況などについて検討している。

柴辻③は新たに紹介された郡山市・柳沢文庫所蔵の高野山成慶院文書中の一二通の伝馬手形・過書の全貌を検討し、柴辻①を補足したものである。

柴辻④は武田氏の伝馬制度に関して、その周辺の東国大名領での制度や守護体制下での制度との関連性を検討し、併せて伝馬役を負担した伝馬衆と伝馬宿の構成や運営形態、さらには伝馬役の夫役としての税制上での位置づけについてまとめた。具体的にはまず、東国諸大名領での伝馬定書と伝馬手形の内容や形式を検討し、武田氏領での状況との対比をし、その関連性を明らかにしている。伝馬衆と伝馬宿に関しては、主にいくつか残っている具体的な規定を示した「伝馬定書」の内容を再度検討し、従来指摘されていなかった事項のいくつかを明らかにした。

柴辻⑤は、④で指摘した従来から知られていた天正九年（一五八一）二月の信濃・大門宿（長和町）宛の「伝馬定書」（「武田遺文」三四九二号）[3]に対して、同日付けでほぼ同形式の大門宿宛の定書が望月町（佐久市望月）から出現し、その形式と内容がかなり異なっている点があったことから、新しい事実をいくつか確認することができた。この二点の「伝馬定書」によって明らかになった最大の収穫は、伝馬役についての助馬制＝助郷制が確認できたことである。助郷制の起源については諸説があるようであるが、その早い時期での確実な事例とみてよいと思う。

以上がこれまでに武田氏の伝馬制度に関してまとめたものの概要であるが、最新のものでも二十余年を経過しており、その後に新出した関連史料もいくつかみられることから、改めて総合的にこの問題の要点をまとめておきたいと思う。

一　研究史の概要

この問題についての出発点となったのが、前述した相田二郎氏の論考[4]である。これには戦国期の東国大名領の伝馬制度として、今川・北条・武田氏領での伝馬宿・問屋・伝馬屋敷・散在伝馬・伝馬衆・伝馬手形などについて、具体的な関連文書を提示して、それらの起源と展開実態の内容を詳述している。

伝馬宿には伝馬を常備する問屋に属していた伝馬屋敷抱え者と、問屋に一定の駄賃を納めて駄賃稼ぎをする散在伝馬が存在しており、通常の伝馬役のほか大名の軍役に関する陣伝馬があったという。伝馬屋敷を保有していたものが伝馬衆であり、所有間数ごとに諸役が賦課されていた。

ついで北条氏の伝馬制度の沿革が述べられ、大永四年(一五二四)四月の相模・当麻宿宛の氏綱判物を初見として、以下、代表的な「伝馬掟書」の内容を検討し、併せて公用伝馬と私用に関する伝馬手形を多数掲示している。私用伝馬の駄賃については一里一銭とする。

ついで武田氏の制度については、天文九年(一五四〇)八月の海の口宛の信虎朱印状を初見とし、天正三年・四年(一五七五・七六)の駿東郡域宛の「伝馬定書」によって制度が確立したとし、その内容は公用伝馬が一日四疋を無賃で、私用伝馬の駄賃は北条氏領への場合は一里一銭、駿河領への場合は一里六銭で、これは地域により一里の丁数が異なっていたことによるという。さらに伝馬衆には普請役などが免許されたともいう。相田氏はこの論文に続いて「駿河駿東郡御厨地方の中世交通史料」を発表しているが[5]、これは駿東郡での今川・葛山氏関係の伝馬関係文書を紹介したものであり、今川氏領での伝馬制度についてまとめる予定のものと思われるが、それは未完に終わっている。

これらの論考はいずれも宿駅や伝馬関連文書を初めて分析紹介したものであり、現在の研究状況からみても主要なものは網羅されており、この問題の出発点になっているとの評価は変わらない。

近年になって野沢隆一氏がこの問題について総括的な研究をまとめている[6]。その中で相田二郎氏以後の研究史の概要を、北条・今川・武田氏の場合について個別にまとめているので、ここでは研究史のまとめは省略するが、その中で一つずつ核心となっている研究成果をあげておくと、北条氏については下山治久氏・池上裕子氏[7]、今川氏については有光友學氏⑧の成果がある。野沢氏は武田氏について柴辻①をあげているが、武田氏に関しては不十分な記述に終始している。以下、北条氏・今川氏領については省略して、武田氏領の場合についてのみ、研究史の概略をみておきたい。

山梨県内でのこの問題についての最初の論考は、なかざわしんきち(中沢信吉)氏のものである⑨。前述した相田二郎氏が明らかにした関係文書を参考に、武田氏領での主要な宿駅での問屋と伝馬屋敷(伝馬衆)の実態について、伝存している「伝馬定書」の内容を詳細に解説している。ただし論証の根拠とした典拠の表記が不明確である。

その上でなかざわ氏は、武田氏領での伝馬制度について、駅制としての伝馬宿と問屋の設定を、戦略的・財政的の両面からの交通政策と位置づけており、宿駅は市場をその機能の内に含んでおり、問屋が宿内の伝馬衆を差配して公用伝馬を勤めたほか、私用伝馬や散在伝馬衆の支配もしていたとし、伝馬役は夫役の一種であり、これを負担することによって、普請役などの諸役が免除されていたという。

これについだのが前述した柴辻①であり、同じく相田二郎氏の成果を継承し、その後の新史料を追加して、伝馬制度を領国の交通政策や商品流通策としての視点と、領国税制や軍制策との関連性を重視して、改めてその制度としての全体的な位置づけを試みている。

具体的には、初見文書である天文九年八月の信濃・海の口郷宛の武田信虎朱印状(「武田遺文」九一号)からの「伝馬定書」の形式と内容を比較検討しており、制度的にはそれが勝頼期の天正三年・四年での駿東郡域内の宿駅宛の七ケ条の「伝馬定書」によって確立し、その背景には先行した今川・北条氏領での規定があったとした。宿郷間隔はすでに近世の宿駅制度に近い体制が出来上がっており、伝馬役の新設は従来の公事や夫役の免除を前提に行われ、軍役衆には伝馬役も免除されたとした。

また、宿郷の伝馬衆も基本的には棟別帳で把握されており、棟別帳をもとに作られた伝馬番帳によって、輪番・相番などで伝馬役を勤めたとし、支城領での伝馬制度も、基本的には武田氏のものに準拠しており、別に施行細則を定めていたとする。

伝馬使用の結果としての伝馬手形の残存例は少ないが、過書や諸役免許状にも伝馬使用は反映されて免許対象になっており、併せると広汎な伝馬運用の実態が浮かび上がってくる。伝馬制度は一方でその軍事的効用があり、他方で広域にわたる商品流通の実態もあり、領国の経済構造上での主要な構成要因であった。

ついで増田廣實氏が近世交通史のほうからこの問題に言及している。[10]増田氏は宿駅制が江戸幕府の全国制覇の具体的な表現であるとし、その源流として戦国大名領での伝馬制を検討している。具体的には武田氏領で展開されていた伝馬制が五街道制下の甲州街道に継承されていく経過を問題にしており、三国同盟の成立によって北条氏領との通交が容易になった点を重視している。

また武田氏の伝馬制について増田氏は、初期の制度化が今川氏領との通交の必要性からはじめられたとし、その証として天文十八年八月の古関宿(笛吹市芦川)ほか宛の竜朱印状に「任今川殿印判、当陣中伝馬可出」をあげている(「武田遺文」二九二号)。この点の指摘は従来にはなかったものであり、北条領との制度化以前に今川領との通交関係が先行していたことになる。増田氏は、三国同盟の成立後には、北条氏領との通交も活発となり、その実務を担当したのは都留郡主の小山田氏であり、天文二十四年四月の初狩口役所中宛の小山田信有過書によれば(同前四三二号)、馬一月に四疋、年間四八疋の関銭免許をしているとし、これらによって後の甲州街道筋の原型が調い、天正十年四月の徳川家康の甲斐支配によって、それが整備されていったとする。

ついで平山優氏は[11](以下、平山①と記す)、武田氏の流通統制策を検討し、伝馬制度と関所の整備状況にふれ、伝馬宿はすでに街道の要所にあった宿を取立てた場合と、交通の要所に新規に設定した場合があったとし、対外戦略が激化してくると伝馬宿の退転などが起こり、軍役や他の諸役との重複がその要因であったとする。私用伝馬の口付銭をめぐっての紛争も多くなり、宿郷に違反者の捕縛権を容認しているという。

平山氏は伝馬制も含めた流通政策に関わる文書一覧表を作製し、合計二一九件を抽出している。これには伝馬関係のほかに、関所や市場に関するもの、馬輸送に関わる諸役免許状なども含まれており、少し煩雑過ぎるように思われる。伝馬手形・過書・馬諸役免許状など、内容・形式別に整理したほうがわかりやすいかと思う。なお本稿の主題でもある市場ほかの商品流通策については後述したい。

最新のものとして前述した野沢氏の総括的な論考がある。野沢氏は天正四年二月～六月の武田勝頼による富士山周辺の宿郷と甲府八日市場宛の「伝馬定書」をもって、武田氏の伝馬制度の確立としており、こうした宿駅制の整備は元亀二年（一五七一）末の甲相同盟の復活によって可能になり、地域の開発との関係から宿駅で伝馬屋敷を設定し伝馬衆を募集して新宿を設立したというが、新宿の成立は結果であり、この論理は本末転倒している。問屋を問屋的土豪と称すことや伝馬衆は募集によるという点にも違和感があり、ここでの引用文書にも不備な点が多く認められる。以下、「伝馬定書」の宛名となっている宿駅について個別の背景解説がなされているが、「伝馬定書」の記述内容にそったものではなく、伝馬制度の頂点と位置づけた甲府八日市場宛の定書については、何ら説明がなされていない点など不備な点が多く目に付く。

二　初期の「伝馬定書」

まず武田氏領での「伝馬定書」と思われる内容のものを一覧表化して、順次その内容と背景を検討していきたい。

第一表　伝馬定書一覧表

出典の番号は「武田遺文」

No	年月日	文書名	宛名	条文	内容（丸数字は条目数）	出典
1	命禄元・8・2	武田信虎朱印状	海之口	一ケ条	無此印判、不可出夫・伝馬。	91
2	天文18・8・1	武田家竜朱印状	古関ほか	一ケ条	当陣中伝馬可出。	292
3	天文22・2・13	武田家竜朱印状	黒駒	一ケ条	黒駒一郷、可勤伝馬。	360
4	永禄4・12・23	武田家竜朱印状	信州長窪・大門	一ケ条	非此印判、不可出伝馬。	766
5	永禄6・3・晦	武田家伝馬印状	塩尻宿中	三ケ条	①伝馬印の指定。②口付銭の義務。③印判不所持者の厳罰。	817
6	天正3・10・16	武田家竜朱印状	蒲原伝馬衆中	六ケ条	①伝馬印公用二私用一つ。②一日四疋宛。③私用一里六銭口付銭。④口付銭難渋者、不可出伝馬。⑤伝馬不勤者の駄賃稼ぎ禁止。⑥伝馬を勤めた者は棟別以下の諸役免許。	2539
7	天正4・2・14	武田家竜朱印状	棠沢郷	七ケ条	①②前文同一。③私用一里一銭口付銭。④⑤前文同一。⑥伝馬勤仕者、普請役免許。⑦自小田原伝馬可出。	2582
8	天正4・2・14	武田家竜朱印状	沼津郷	七ケ条	①～⑦前文同一。	2583
9	天正4・2・14	武田家竜朱印状	竹下之郷	七ケ条	①～⑦前文同一。	2584
10	天正4・3・21	武田家竜朱印状	厚原郷惣司	六ケ条	①②前文同一。③私用一里六銭口付銭。④口付銭難渋者、不可出伝馬。⑤伝馬不勤者の駄賃稼ぎ禁止。⑥伝馬勤仕者、普請役免許。	2613
11	天正4・3・21	武田家竜朱印状	根原郷	七ケ条	①～⑥前文同一。⑦諸役免許は九一色郷に準ず。	2614

12	天正4・6・28	武田家竜朱印状	八日市場	八ケ条	①無獅子朱印、不可出人足。②長禅寺春稲停止。③長伝馬不可出。④伝馬衆三十人前、町役一間免許、定年貢は十六座領主へ可納。⑤市日は如前々。⑥毎月下旬十日、伝馬役免許。⑦毎月上旬二十日可勤伝馬、一日四疋一里一銭。⑧綿麻布、非内藤・日貝手形、禁町商売。	2681
13	(天正4)7・10	武田家竜朱印状	竹下郷	一ケ条	無伝馬印判者不可許容、印判文を確め可出伝馬、余分に勤む者は成敗。	2691
14	天正5・7・16	武田家竜朱印状	岩間伝馬宿	一ケ条	宿中伝馬困窮、市川迄に限定して可出。	2829
15	天正5・12・21	穴山信君判物	(南部宿)	五ケ条	①伝馬不勤者、宿に不可居住。②下山通過者、申刻には南部に可一宿、駿河へは酉刻以後に可一宿。③除公用、伝馬に塩を不可着。④公用でも印判拝見し、可出伝馬。⑤立入山林で草木を不可取。	2904
16	天正6・5・11	武田家竜朱印状	諏訪十日町	一ケ条	伝馬役勤務者は郷次普請役免許、欠所屋敷分は郷中で補う。軍役衆の出陣中は伝馬役も免許。	2966
17	天正9・2・7	武田家伝馬印状	望月郷	八ケ条	①順次之伝馬役可勤。②当番が在陣などの場合相番が伝馬役を勤める、伝馬数が多い場合は次の次の番衆が勤仕。③新帳に載せた者が伝馬を忌避した場合、他所に移住しても役を懸ける。④雖権門無印判者、不可出伝馬。⑤印判所持人者、文体拝見し其員数の可出伝馬。⑥公用は印判二つ、印判一つ時者一里一銭を取る。⑦伝馬二疋の時は、和田・大門一疋宛、一疋の時は五疋宛可出。⑧如番帳、輪番可相勤。	3491
18	天正9・2・7	武田家伝馬印状	和田郷カ	八ケ条	①前文同一。②当番が在陣などの場合相番が伝馬役を勤める、伝馬数が多い場合は次の番衆が勤仕。③～⑧前文同一。	3492

19	天正10・9・10	穴山勝千代朱印状 軍役之被官居屋敷は除く。伝馬屋敷一間内居住者は転役一間役。明屋敷も伝馬可相勤。	(南部宿)	一ケ条		3976
20	天正10・10・3	穴山勝千代朱印状 如信君定、定刻付以下、伝馬衆は伝馬屋敷に可居住。	(南部宿)	一ケ条		3977
21	天正11・3・21	穴山勝千代朱印状 ①伝馬不勤者は宿に不可居住。②下山通過者、申刻には南部に可一宿、駿河へは酉刻以後に可一宿。③除公用、伝馬に塩を不可着。④公用でも印判拝見し、可出伝馬。⑤立入山林で草木を不可取。	(南部宿)	五ケ条		3983

ここでは勝頼期の天正三年・四年(一五七五・七六)に制度的に確立したとする以前の、信虎・信玄期のものを検討しておきたい。第一表のNo5までであり、No1は異年号の命禄元年(天文一九)八月の武田信虎による佐久郡海之口郷(南牧村)宛の虎印判状であり、料紙は縦二八・六×横三七・〇センチの折紙で、下部の一部が欠損している。虎朱印は二重郭の円印で、「信」字の下に左右に交差する二疋の虎を配したものであり、この印判は信虎政権最後の天文九年(一五四〇)七月からの四通のみに使われており、それらの内容が伝馬や関役免許に限られているので、交通制度に関しての専用印と判断される。その内容は「此印判なくして、夫てん馬不可出」との簡単なものではあるが、宛名の海の口が佐久道での宿駅に指定され、伝馬が常備されたことを示すものであり、武田氏領での伝馬制の初見史料として貴重なものである。

No2は天文十八年八月に、後の中道往還である古関・芦川・梯宿(上九一色村)に宛てた竜朱印状であり、原本は残っていないが折紙と思われ、内容は駿河からの合力衆の荷物の継送に関して、「任今川殿印判、当陣中伝馬可出」と命じている(「武田遺文」二九二号)。この時期にその背景ははっきりしないが、今川氏に援軍を要請し、その荷物を運ぶために今川氏よりの伝馬手形に従って、これらの宿駅からも伝馬を出すように命じたものである。早い時期に駿河との通交に関して伝馬常備の宿駅が形成されつつあった状況を示すものである。

No3は御坂路の黒駒宿(笛吹市黒駒)に対して、この時点から伝馬役を負担させたものであり、ただし軍役を勤める家人や「一家衆の被官」は免許するとする。同郷内の称願寺宛には、同日付けで武田晴信の制札(「武田遺文」三六一号)が宛てられており、それには門前押立公事と伝馬役を除いた諸役は免許とあり、伝馬賦課が主要な新規諸役として設定されたことが明らかである。

No4は永禄四年(一五六一)十二月に東山道の長窪宿(長門町)と、そこから分岐して南下した大門宿中(同前)宛の武田家竜朱印状である。これは原本も残っており、もとは折紙であったものを切り繋いで長状にしている。ここでは家印である竜朱印を伝馬公用印と定めており、後述するようにこの時期までに出された伝馬手形にも竜朱印が用いられている。

No5はそれまでの定書と異なって、三ケ条にわたる詳細な規定であり、東山道の塩尻宿宛であるが、文頭に印文「伝馬」とある長方形の朱印が押されており、第一条でこの印判のない者には伝馬を出すなとし、第二条では使用の場合の口付銭の徴収を規定しているので、これより「伝馬」朱印が伝馬専用印になったと思われ、実質的な伝馬制度の創設と判断される。後述するように、これ以後の伝馬手形では原則的にはこの印が使用されている。つまり武田氏領での伝馬制度は信玄期の永禄六年段階に、一定の制度化が実現していたといえる。

三　天正期の「伝馬定書」

ついで伝馬制が制度的に確立していった勝頼期の定書を検討しておきたい。天正期の「伝馬定書」は大きく三種類に分けられ、前半の天正三年・四年(一五七五・七六)のもの、後半の天正六～九年のものと、支城領である穴山氏発給の伝馬法度である。以下、それらの内容を確認しておくと、まず初見として天正三年十月の駿河・蒲原宿宛の六ヶ条がある(第一表No６)。これは竜朱印状で出されているが、内容が領国行政全般に関わる定書であることから、伝馬印ではなく家印である竜朱印を捺している。ただし紙継目には「伝馬」朱印が捺されており、これが伝馬制に限定した定書であることを表明している。

宛名の蒲原宿(静岡市蒲原町)は東海道の宿駅で、この時点で三六間の伝馬衆が存在していた。ここでは初めて伝馬手形について、公用は二つ・私用は一つの区別が示され、公用は一日四疋まで、私用は一里六銭の口付銭賦課、公用伝馬を勤めない者には駄賃稼ぎを禁止、伝馬を勤める者は諸役免許にするという内容である。これは駿河制圧後に今川氏の制度を踏襲したものであり、この内容が以後の伝馬制度の基本となっていく。

No７～11はこの規定を駿東郡域の宿駅に適用したものであり、北条氏領との連結の必要性がその背景にあったと思われる。その上で注目されるのがNo12の甲府・八日市場宛の八ヶ条の定書であり、これには第一条に「無獅子之御印判者、一切不可出人足之事」とあり、従来の竜朱印や「伝馬」朱印ではなく、前年に勝頼が新たに創始した「獅子」朱印で人足の徴用を命じている。この朱印は長篠敗戦後に郷村から人夫や物資を徴発するために創始したものであり、伝馬の場合もその対象になったことによるものであろう。

八ヶ条のうち四ヶ条が伝馬に関する規定であり、他は市場規定である。これによると八日市場には三〇人の伝馬衆がおり、彼等には町役一間宛てが免許され、毎月の上旬二十日のみで一日四疋を勤め、一里一銭を取るべしとされている。一里一銭規定は北条氏に対応したものである。八日市場には同日付けで竜朱印状による「八日市場勤伝馬衆」

の書上げも残っており（『武田遺文』二六八二号）、三〇人の伝馬衆名と町役の負担割りが記されている。これは市場運営との複合的な定書になっているが、伝馬役規定に関しては基本的には先行していた駿東郡域での定書の内容が踏襲されたものと思われる。ただし、月上旬二十日のみの勤務とする点は他ではみられない条項であり、城下町での中心的な市場という特異性による相役制によったものであろうか。

ついで注目されるのはNo16の天正六年五月の諏訪十日町宛定書であり、八日市場の伝馬衆書上と同じく八三人の伝馬衆と八人の印判衆に分けて書上げた後、伝馬役を勤める者は、軍役衆・御家人衆であっても郷次の普請役を免許するという内容である。ここで問題なのは伝馬衆と印判衆を書き分けている点であり、印判衆は軍役衆や御家人衆であり、伝馬役を勤めた場合は普請役を免許し、軍役衆として在陣中の場合には伝馬役も免許するという内容である。

この点をもっと的確に規定しているのがNo17・18の二通の大門宿（長和町）宛の定書である。宛名は両通ともに大門郷になっているが、これは実際に伝馬宿を運営していた問屋宛に伝馬の徴用を許可したからであって、実際に伝馬役を負担した郷村側にこの定書は残されていた。No17は隣郷の望月町に残り、No18は写しか残っておらず、しかもその後に所有者が移動している可能性が高く、本来は大門宿に隣接する和田郷か立科郷・武石郷（いずれも小県郡内）あたりに宛てたものであろう。つまり柴辻①で指摘したように、これは伝馬の助馬制（助郷制）を示すものと思われるものである。

この点はNo17に示された伝馬衆の賦課対象者名を詳細に検討した『望月町誌』の人名調査によって明らかとなる。[12]両通ともに「伝馬勤仕衆」と「御印判衆」とを書き分けており、その上で番帳に定めた順序に従って輪番で伝馬を勤めよとし、ほかの条項は従来の定書の規定内容を踏襲している。ただし第七条のみは他ではみられない規定であり、拠出伝馬が二疋となった場合には、一疋は和田宿（長和町）分に宛てるという。

ここでも「伝馬勤仕衆」と「御印判衆」が書き分けられている点が重要であり、御印判衆が有姓のものを主体としていて、郷内での有力者であり、予め武田氏との関係で何らかの奉仕を義務付けられた印判状を宛てられていたことから、伝馬役の免除者として印判衆として別記された者達である。なおこの両通での形式上の問題として、「伝馬印」の使い方が異なっている点の理由は説明できない。

ついで支城領での伝馬定書として、甲斐河内領を併せた江尻領を形成していた穴山信君の場合として、天正五年十二月の河内領南部宿（南部町）宛の五ケ条の伝馬法度を初見として（第一表No15）、その子勝千代の代にいたる数通のものがある。基本的には武田氏の規定にそったものであり、支領内での施行細則と思われる内容である（柴辻④）。

四　実際の伝馬使用の状況

ついで実際に伝馬を私用した場合の事例をあげて、その形式や内容を検討するが、その前提として伝馬使用の実績を示す文書には三様のあったことを確認しておきたい。伝馬手形・過書・馬諸役免許の別があり、実用に際しては内容上の違いがあったと思われる。まず伝馬手形であるが、その用例をまとめると第二表となる。

第二表　伝馬手形一覧表

出典の番号は「武田遺文」

No	年月日	文書形式	宛名	伝馬数	使用場所	使用者	出典
1	（　）7・27	虎複合印	駒屋かたへ	三疋	不明	駒屋	101
2	天文22・7・6	小山田信有重判	下口宿中	三疋	不明	不明	377
3	弘治2・4・12	竜朱印状	成慶院	一疋	甲府―駿州	使僧	497

4	永禄9・2・7	竜朱印状写	佐久郡	四疋	佐久郡—庭谷	不明	976
5	永禄10・5・14	伝馬朱印状	成慶院	三疋	黒沢—駿府	使僧	1078
6	永禄10・5・14	伝馬朱印状	黒沢口宿中	三疋	甲府—黒沢	使僧	1079
7	永禄11・7・13	伝馬朱印状	海蔵寺	七疋	甲府—基礎福島	使僧	1296
8	元亀2・7・16	伝馬朱印状	下伊那口宿中	三疋	甲府—下伊那	使僧	1730
9	元亀3・12・18	竜朱印状写	駿州口宿中	三疋	駿州—甲府	延命寺	2002
10	元亀3・12・18	竜朱印状写	駿州口宿中	三疋	駿州—甲府	先照寺	2003
11	（　）3・27	竜朱印状写	長禅寺	五疋	祢津—甲府	使僧	3751
12	天正元・9・8	伝馬朱印状	駿州口宿中	三疋	駿州—甲府	使僧	2174
13	天正2・12・16	伝馬朱印状	右宿中	一疋	甲府—高遠	堀内氏	2410
14	天正3・12・―	伝馬朱印状	右宿中	一疋	諏訪—甲府	金井氏	2574
15	天正5・7・17	伝馬朱印状	右宿中	五疋	甲府—下伊那	使僧	2832
16	天正5・12・18	穴山朱印状	江尻〜下山	二疋	江尻—下山	幸福大夫	2901
17	天正6・正・―	伝馬朱印二状	右宿中	一疋	瀬名—小田原	肴御用	2916
18	天正7・9・―	伝馬朱印二状	右宿中	一疋	沼津—駿府	番匠	3174
19	天正8・8・14	穴山朱印状	江尻〜甲府	一疋	江尻—甲府	不明	3401
20	天正8・12・3	穴山朱印状	江尻〜岩本	一疋	江尻—岩本	不明	3453

二〇例が上げられるが、信虎期から晴信期のものはまだ形式が一定しておらず、内容的にも馬諸役免許状との区別がつけにくい。しかしNo5を初見として、永禄末年には「伝馬」朱印による竪切紙の定型化したものになっていく。典型的なものを一点だけあげておく。

［史料一］武田家伝馬手形（大和郡山市・柳沢文庫文書、「武田遺文」一七三〇号）

［伝馬］（「伝馬」朱印）参疋、無異議可出之者也、仍如件、

辛未　　　　　甘利甚九郎
七月十六日　　　奉之
下伊奈口　宿中

これは元亀二年（一五七一）七月に、高野山成慶院の僧が使者として甲府に出向した際の伝馬手形であり、甲府から下伊奈谷の宿駅中までの伝馬継ぎを保証したものである。成慶院宛にはこの他にも一通の伝馬手形や過書が宛てられており、その全貌については佐藤八郎氏が紹介している。[13] この場合は「伝馬」朱印が一つであるので私用伝馬の許状であり、口付銭は支払ったものと思われる。別にNo17・18では、伝馬印が二つ捺されており、これが公用であったことを示しており、御用商職人宛であったことが判明する。伝馬手形は文字通り指定の伝馬宿間での伝馬使用を許可したものである。穴山氏の場合、若干その形式は異なるが内容的には武田氏のものと同一である。

ついで過書であるが、その使用例については柴辻②で一覧表を掲示しているが、その時点では二八例しか検出しておらず、その後に平山氏は九〇点を一覧にしている（平山①）。この差異は平山氏の場合、前述した馬諸役免許状の大部分を過書と判断していることによる。では過書と馬諸役免許状の違いは何によるかであるが、具体的な事例で検討しておきたい。まず過書の事例をあげる。

［史料二］　武田氏過書（富士御室浅間神社文書、「武田遺文」六九四号）

（「晴信朱印」）（竜朱印）
□　○
富士山御室御供之糧米、往還之荷物七疋之分、可勘過者也、仍如件、
永禄三庚申六月六日

諸役所中

これは竪切紙で二種の朱印が重判されている特異なものである。宛名は諸役所＝関所であり、単に糧米を都留郡勝山（富士河口湖町）の浅間神社に運ぶ七疋分の馬の関銭免許を通過する関所宛に命じたものである。中には口留衆宛に、菅沼新兵衛とその被官一二人と馬七疋を「無異儀可通者也」との人と馬の通交を許可している場合もあり（「武田遺文」二二六一号）、この場合単に通過許可状か関銭免除なのかは不明である。それに対して馬諸役免許状では、以下のように具体的な内容のものが多い。

［史料三］武田家朱印状（矢入家文書、「武田遺文」二三九〇号）

定

一、一月ニ馬弐疋宛、商之諸役、御分国之内、御免許之事、

一、船壱艘之役、御赦免之事、

一、勝路領内中間新右衛門尉、屋敷壱間被下置之事、付、諸役御宥免之事

已上

（以下、本文省略）

甲戌　十一月晦日◯（竜朱印）　跡部大炊助奉之

松木与左衛門尉

宛名の松木氏は駿河今宿（静岡市）の御用商人であったが、元亀元年十二月に武田氏へ奉公することになり、この諸役免許状を与えられている。これによると馬や船自体にも役が賦課されていたと思われ、併せて商売諸役として営業税も賦課されていたようである。馬や船の役は過書で免除された場合の関銭の可能性もあり、いずれの場合もその免

除対象者は武田氏に御用商職人として奉仕していた者達となる。

同じく永禄二年(一五五九)三月に古関関所(笛吹市芦川)で、天文十八年(一五四九)より通交した者の「商買諸役免許分」書上(「武田遺文」六五五号)掲載のものを一覧表示しているが(柴辻②)、その対象者のすべてが特権的な御用商職人や他国商人、さらに領国内で多角経営を展開させていた家臣団層であり、過書と馬役免許状を併せた内容のものであり、関所通過を許可し関銭を免除するとともに、商売役も免除したものになる。

五　宿駅市場と商品流通機能

ついで宿駅での伝馬制度と関連して、宿場内で発展しつつあった市場と、そこを拠点として周辺地域に拡大していった商品流通や商職人による経済活動についてみておきたい。武田氏領でこの問題に最初に言及したのは豊田武氏であって[14]、甲府の坂田家文書や富士大宮の市場文書の紹介や、地域枡として甲州枡の検討がされている。ついで、なかざわしんきち(中沢信吉)氏は、甲府での城下町形成の経過と、地域ごとの市場経済圏との連結性を強調しており、概説的ではあるが、領国の経済構造の形成についてまとめている[15]。

武田氏領内での宿町・市場形成については、平山優氏が支城領である都留郡・河内領と本領域である国中地域に分けて検討している[16](平山②③と記す)。

平山②では富士信仰と関連して富士山麓の浅間神社を中心に形成された河口宿・吉田宿の場合が検討されており、参詣道者の往来による富士山麓経済圏が成立していたという。もう一つの経済圏は九一色郷と一括される芦川沿いの山間郷村であり、木地師集団が生産活動を行い、中道往還に点在していた宿駅を拠点とした九一色商人が広範囲での行商活動を展開させていたとする。さらに都留郡主であった小山田氏の拠点であった谷村地域でも四日市場や十日市場が確認でき、地域経済圏が形成されていたとする。

穴山氏の河内領に関しては、その拠点であった下山（身延町）と駿河との国境となる南部宿を中心に駿州路での宿駅が設定され、武田氏の伝馬制度との連携がなされていたとする。領内にある身延山久遠寺の存在も、御会式への参詣者の増大が大きな要因になっていたという。

平山③では国中地域での市場・宿駅が検討されており、まず東郡での塩山地域での三日市場・九日市場（甲州市）、山梨地域での市場として、原八日市場（連方屋敷）、石和の四日市場（笛吹市）などが取り上げられ、甲府に近いことと豊かな農業生産地であり、駿河・相模方面への交通の要所として宿駅市場が形成されていたとする。さらに中道往還沿いの左右口宿（甲府市）での麴座の存在（「武田遺文」二二四三号）や、二日市場・古市場（甲府市）も交通の要所に開かれたものであり、御坂路での黒駒宿では、前述したように早い段階での伝馬役設定が確認できる。

ついで西郡地域の状況であるが、東郡に比べて開発状況が遅れており、甲府から北進して韮崎で逸見路では若神子宿（北杜市）が佐久路への分岐点として宿駅の機能を果たしていたと思われ二日市場の地名があるが、その具体的な状況を示す文書を残していない。これに対して甲府より西進して駿河路の起点となる市川大門宿（市川三郷町）は新宿の開発例であり、矢師職人や紙漉衆の文書を残している。市川六日市場の存在も確認されており、新宿の開発に関しては隣接する青柳宿（増穂町）で、この地域を領有していた親族衆の一条信竜の開発奨励の判物も残っている（「武田遺文」二六三五号）。

平山氏は②③ともに、「甲斐国の市・町・宿」の所在確認地図を掲示しているが、その中には典拠として武田氏滅亡後の徳川期の文書も多く含まれており、そのすべてを戦国期の状況とみなすのには問題点が残る。

ついで笹本正治氏が戦国期の武田氏領での市と町の展開について検討しており(17)、平山氏の成果を継承して、国内での市場と町場について、個別にその起源と立脚地の特徴が述べられており、市が祭礼などと関係し、無縁性の場であったとの見解を支持している。四辻に道祖神が祀られ、市場に市神が祀られた由縁としている。六斎市についても市場祭文が残っており同様であるという。

笹本氏は別に武田氏の商人支配についてまとめており(18)、まず蔵前衆中の商人として八田村新左衛門・諏訪春芳・松木珪林・伊奈宗浮を取り上げ、彼等が代官として年貢・諸役の徴収とその商品化に関わりながら、独自に広範囲にわたる商業活動をしていたとする。ついで永禄二年三月の年紀のある「分国商買之諸役免許之分」(「武田遺文」六五五号)を検討し、これが古関関所(笛吹市芦川)での過書の書上であるとし、それらの宛名になっている土豪層や在郷商人、さらには他国からの遠隔地商人らであったとする。この他、甲府での坂田氏のような御用商人や九一色衆・西海衆などの在郷行商人集団が存在しており、彼等に商売役免許を与え、領国の経済活動を担わせていたとする。

平山氏はさらに武田氏の流通統制策についてまとめている(平山①)。そこでは領内で展開されていた経済活動(物資と人の流通)を、武田氏がどう統制したかを問題にしているが、統制とみるよりも制度化による振興政策とみるべき問題かと思われる。具体的には伝馬制度の概要と、関所の設置状況とその機能について、過書の発給状況を中心に検討している。この中で自立性の高い国衆も過書を発給していたとし、関所や役所の設置や撤廃は武田氏の専権であったとする。また関銭が知行の一環として給人に与えられた事例として、天文十七年(一五四八)四月に、黒駒関銭の内一〇〇貫文が山本勘助に宛行われた場合を紹介しており注目される(「武田遺文」二四四号)。

さらに関所での荷改めに関して、軍役に関するものは無条件で通過が認められたが、私的な物資の通交については、厳格な荷改めが行われ、不正には厳しい処断が行われていたという(「武田遺文」四一四二号ほか)。とりわけ麻・綿・

木綿・塩・肴などの統制品目の検品は厳重であったという(「武田遺文」二四六〇号)。

この内の塩留めについては、今川氏との断交が顕在化してきた永禄十年(一五六七)八月十七日付けの茱萸沢宿(御殿場市)問屋で須走関所管理者であった芹沢玄蕃允ほか宛の葛山氏元印判状によれば、(19) 過書銭が高騰してきたので、塩の荷留めを指令している。甲信地域への塩の供給は駿河・相模方面からと糸魚川からの姫街道から松本に至るルートによっていたが、平時では支障なく輸送されていたが、戦時には対抗手段として塩留めが行われている。

また平山氏は、過書発給の対象者は領内の重臣層・有徳人や商職人であり、武田氏との何らかの奉公関係を持つ者であり、蔵前衆であった八田村新左衛門のように、北条氏領との遠隔地交易を担っていた者や、甲府八日市場の坂田氏のように、御用商人として肴・綿などの調達を担当した者達であったとし、その中には駿府の御用商人松木宗清宛の場合では、甲州御分国諸役奉行宛の穴山信君の判物で、過書の提示が頻繁となる者には、当初の諸役免許状のみの提示で過書は省略している事例もあったという(「武田遺文」三八七九号)。

前述したように、この平山①では二二三件の伝馬・関所・市場・馬諸役関連文書の一覧表を作成し、それらの内容を紹介しており労作ではあるが、市場関連のものには漏れが目立ち、従って城下町以外の在郷市場としての地域市場の形成と機能についての言及がみられない。

この点を少し補足しておくと、六斎市に関しては天正八年十二月十三日付けの富士大宮西町新市の市場掟書は載せているが(「武田遺文」三四六二号)、同九年八月二十七日付けの上野和田郷(高崎市)宛て竜朱印状は洩れており、それには他の市場掟ではみられない「除塩之役並自箕輪被申付役、諸役御赦免之事」の一項が入っており、市場に対して塩役と箕輪領独自設定の諸役を除く領国諸役(地子銭・商役)は免許している(「武田遺文」三六〇三号)。また国境に近い市場での通商については、以下の文書がある。

［史料四］武田家竜朱印状（山村家文書、『信濃史料』一四巻収録）

定

信濃境目田立口出合事、一月ニ六ヶ度定日限、可令会合、背法度、濫不致出入様、厳重可被申付之由、所被仰出也、仍如件、

天正五年

五月廿四日　◯（竜朱印）　土屋右衛門尉　奉之

山村三郎左衛門尉殿

これは木曽義昌の家老である山村良利に対して、東美濃との境目である田立（木曽郡大滝村）での出合六斎市についての運営を指示したものであって、特に強い統制が命ぜられており、国衆領といえども武田氏の方針が伝達されている。ついで領内の在郷市場への物資の移出入については、直轄領の年貢米は武田氏の御蔵に運ぶのが原則であったが、一部は蔵前衆の判断で市場に投入され換金される場合もあった。移入品の多くは塩をはじめとして遠隔地商人によってもたらされたほか、例えば武田氏が永禄三年極月十七日付けの竜朱印状で、寺尾郷（笛吹市境川村）の触口の喜七ほかに命じて、公事諸役として漆を納入させているように（「武田遺文」七一八号）、地域の特産物が集められて、一部は商品化されて市場に投入されたほか、他国領との交易品や贈答品とされていた。

まとめに代えて

以上、「はじめに」でこの問題に関してのこれまでの自らの研究結果を紹介した後、改めてその後の研究史を参考

にして、武田氏領での伝馬制度の成立経過と、それに伴う宿駅の発展と町場としての市場圏の形成による商品流通の展開状況とを検討してきた。

その経過の中で、これらの問題については、なお領国での経済政策としての税制や権力編成としての軍制などとの関連性についても検討する必要があった。しかし、これらは個々に領国構造上での大問題であって、別途に検討する必要のある課題であり、本稿では立ち入ることが出来なかった。今後の課題としておきたい。

注

(1) 柴辻①「武田領の伝馬制度」(『戦国大名領の研究』名著出版、一九八一年、初出は一九七四年)、②「武田領の交通政策と商品流通」(『戦国大名武田氏領の支配構造』名著出版、一九九一年。初出は一九八四年)。③「武田氏の伝馬制度補考」(同前収録。初出は一九八六年)。④「伝馬制度の展開」(『戦国期武田氏領の展開』岩田書院、二〇〇一年。初出は一九九五年)。⑤「助馬制と印判衆」(同前収録。初出は一九九六年)。

(2) 相田二郎「戦国時代に於ける東国地方の宿・問屋・伝馬」(『歴史地理』五一巻五号、一九二八年。後に『中世の関所』畝傍書房、一九四三年に再録)。

(3) 内閣文庫所蔵「諸州古文書・信州」収録の武田家朱印状(『戦国遺文』武田氏編、三四九二号)。以下、同書は「武田遺文」と略記する。

(4) 相田注(2)。

(5) 相田二郎「駿河駿東郡御厨地方の中世交通史料」(『歴史地理』五〇巻六号、一九二七年。注(2)著書に収録)。

(6) 野沢隆一『戦国期の伝馬制度と負担体系』(岩田書院、二〇一九年)。

（7）下山治久「後北条氏の伝馬制度」（『年報後北条氏研究』創刊号、一九七一年）。池上裕子「伝馬役と新宿」（『戦国史研究』八号、一九八四年。後に『戦国時代社会構造の研究』校倉書房、一九九九年に再録）。

（8）有光友學「今川領国における伝馬制」（『歴史評論』一一五号、一九八五年。後に『戦国大名今川氏の研究』吉川弘文館、一九九四年に補筆収録）。

（9）なかざわしんきち「武田時代の伝馬制度」（『甲斐路』二四号、一九七三年）。

（10）増田廣實「戦国期伝馬制と甲州街道の成立」（『甲斐の成立と地方的展開』角川書店、一九八九年）。

（11）平山優①「武田氏の流通統制について」（『馬の博物館研究紀要』一八号、馬事文化財団、二〇一二年）。

（12）『望月町誌』第三巻第五章（望月町、一九九四年）。

（13）佐藤八郎「大和郡山市柳沢文庫所蔵・高野山成慶院文書について」（『甲斐路』三九号、一九八〇年）。

（14）豊田武『増訂中世日本商業史の研究』（岩波書店、一九五二年）。

（15）なかざわしんきち『甲斐武田氏―その社会経済史的考察―』上・下（甲斐史学会、一九六六・六七年）。

（16）平山優②「戦国期甲斐国の市・町・宿―都留郡・河内谷中を中心として―」（『甲斐路』七〇号、一九九一年）、③「戦国期甲斐国の市・町・宿―武田領国経済研究序説―」（『武田氏研究』七号、一九九一年）。

（17）笹本正治「戦国大名武田氏の市・町政策」（『武田氏研究』九号、一九九二年）。

（18）笹本正治「武田氏の商人支配」（『戦国大名武田氏の研究』思文閣出版、一九九三年。初出は一九七九年）。

（19）芹沢家文書（『静岡県史』資料編7、三四一〇号）。

［追記］

本稿提出後に、査読者から研究史に平山優氏の「新発見の武田氏発給文書二点—武田氏の伝馬制度に関する新知見を兼ねて—」（『武田氏研究』五九号、二〇一九年）への言及がないとの指摘があったので、改めてその論考を精読した結果を補足しておきたい。

新たに発見された天正七年（一五七九）正月廿四日付けの武田家竜朱印状（宛名欠、京都府・宮下玄覇氏所蔵）を紹介し、その内容を検討したものであり、その表題に「伝馬法度之事」とあることから、武田氏の伝馬制度に関する新史料と判定したものである。八ケ条にわたって伝馬の運用に関して規定したものであるが、宛名が欠けていることからその位置づけには難しい点が残る。

まずこの文書の真偽も問題になるが、この点に関してはその筆跡や文書形式（武田家朱印状）からみて真正のものと判断される。二人の奉者名の下に「奉之」が欠けているが、この点は決定的な欠陥とはなりえない。

問題はその内容であるが、本文中で示したいくつかの「伝馬定書」の内容とは全く異なる次元のものであって、これと同類の内容のものは他では確認できない。「伝馬法度」とあるものも他にはなく、穴山氏の場合にのみ武田氏の伝馬定書を引き継ぐ形での「法度」がみられるにすぎない。

平山氏はこの八ケ条の内容について逐条解説をしているが、大旨そうした理解で良いと思う。宛名を欠くことからその背景は不明も多いが、「この「伝馬法度」は、伝馬制度の運用に関与する武田氏の奉行衆らに対し、その服務規程と伝馬使用方針の原則を確認すべく作成され、通達されたもの」との見解には賛同する。この点からも宛名は伝馬担当奉行人衆かと思われ、「伝馬定書」を補完するものとして伝馬施行細則を「法度」として示したものであり、類似のものが皆無な点からも貴重なものといえる。

（武田氏研究会編『武田氏研究』六四号、二〇二一年六月）

第四章　戦国期武田氏領の争論と訴訟の実態

はじめに

戦国大名領での在地支配に関しての問題点として、訴訟の多さと、それに対処した大名側での訴訟制度の実態が問題となる。この点に関しては本格的に検討した成果は少ないが、池享氏は大名領国制を検討した中で、領国構造の要件としては軍事指揮権と裁判権とが重視されるとし[1]、裁判権については、大名が自らを「公儀」と位置づける根拠であるとし、矢田俊文氏が主張する大名裁判権は個別領主の第一次裁判権を前提とした二次的な裁判権にすぎないとの見解に対しては[2]、「本質を転倒させた形式論」と批判し、大名裁判権は、法典の制定、裁判権の集中、官僚制機構の整備などによって、一元的に支配権を確立し守護裁判権を越えて実効性を増したものであるとする。

戦国大名領での個別の訴訟制度については後北条氏領での事例研究が先行しており、中丸和伯氏による虎印判状を検討した中での裁許文書の分析がある[3]。裁許状の形式は奉書式の虎印判状であり、提訴された案件に対して担当奉行としての評定衆が裁許した結果を、当主が認定したものであるといい、裁許案件は武家・社寺・百姓・職人といった諸階層にわたるものであって、その対象者が目安をもって提訴した案件に対処したものであるという。訴訟制度としてはかなり整備されたものといえる。

別に伊藤一美氏が後北条氏での公的制度としての「庭中」の作法と「目安」について検討しており、[4]永正十五年(一五一八)十月八日の伊豆・木負百姓中に宛てた虎印判状の初見文書は、郡代・代官の中間搾取を排除するために、百姓層に直訴を制度的に認めたものと判断し、少なくとも直轄領においては百姓層が給人を北条氏の「庭中」に訴えることができたといい、その手段として「目安箱」の存在が確認されるという。

また「目安」については、訴状内容をわかりやすくするために箇条書にしたことから、転じて訴状自体を指すことになったといい、領主や百姓層にも代官や奉行人の非法を排除するために、直接小田原本城主に「目安」を捧げる途が開かれていたとし、提訴のルートは寄親や奏者を通じて提訴するほか、直接、奉行人に提出する場合もあったとする。こうした「庭中」「目安」の事例が直轄領でのみ確認されるという点が問題として残るが、直訴を検討する場合には有効な視点と思われる。

今川氏については、有光友學氏が検地論に関連して「公事検地」説を提唱しており、[5]検地実施の背景として圧倒的に訴訟によった場合が多かったとしている。しかもその訴訟は検地実施前に提訴されており、その訴訟が給人層の所領争いという権力内部の矛盾を反映したのであり、とくに検地による増分の打ち出しを争点としていたという。そうした状況を明文化したものが、大永六年(一五二六)に今川氏親が分国法として制定した「今川仮名目録」の第一条であり、地頭(給人)に対して「年貢増」による収奪の強化を指示したものであるという。この「今川仮名目録」の内容は、多くの条項が在地掌握の政策として「甲州法度」にも反映されている。

ついで武田氏の訴訟に関しての研究史であるが、その成果は少なく、わずかに須藤茂樹氏が初めて総括的な論考をまとめている。[6]須藤氏はまず分国法である「甲州法度」の関連条項を検討しており、訴訟は直訴訟を禁じ奉行人を取次としたことや、寄子の訴訟は奏者(取次)を通して行うことなどを明らかにしている。その上で発給文書にみえる訴訟の具体的な事例をあげて、①裁判としての訴訟と、②愁訴としての訴訟の事例に分けてその状況を検討している。訴訟と愁訴を同列に扱う区分の仕方には問題があると思われるが、主要な関連文書を網羅的に提示してその背景を説明している点は高く評価される。

事例のうち、とりわけ天正六年（一五七八）三月二十一日付けで、安西有味と今福昌常が連署して両角孫左衛門に対して宛てた手形（「武田遺文」二九五六号）[7]と、同日付けで漆戸左京虎光と飯室善忠が連署して同人宛に出した「監物屋敷之内問答有」とある問答日記（同前二九五七号）にみられる山争論についての関係において、須藤氏の解説は不十分なものであり、芦ケ沢と富岡（茅野市）の山地をめぐって誰と誰が争っていたのかが明瞭でなく、しかもその根拠となる問答日記の位置付けも不明瞭である。なお、この問題についてはまだはっきりしない点が多くあり、現地調査をしたうえで、改めて検討したいと思う。

須藤氏は訴訟手続きに関して、支城主領の場合として海津領内での須田氏と山田氏の知行地争論裁定の事例を取り上げているが、その根拠とする年未詳の春日虎綱書状案（「武田遺文」二九八八号）を永禄十年のものとしており、虎綱がこの争論の経過を報告し、山田氏の帰郷が相当との意見を具して、担当奉行の原昌胤を通して信玄の裁許を仰いだものであるとし、支城領内での紛争はまず支城主や番手衆の判断が一義的に優先され、そこで解決できない事案は武田氏の裁許によったとする。

これらの研究の他にも、武田氏領での個別の訴訟事例の背景を検討した論考が二、三みられるが、それらについては本文の中で随時に紹介して検討したい。

一　争論の要因

まず訴訟の前提となる争論(相論)が発生する要因となる事案について検討しておくと、発給文書上では、相論・問答・公事などの語句で確認できる。その一覧を示したものが第一表となる。

第一表　争論表記文書一覧

出典の番号は「武田遺文」

No	年月日	文書名	宛名	訴人	相手	争点	出典
1	天文16・6・朔	甲州法度　二六ケ条本	二条(公事)・二一条(相論)				217
2	(天文22)3・7	幸福虎勝	幸福大和守	虎勝	久保蔵	公事之儀	4153
3	天文23・6・朔	甲州法度　五七ケ条本	二条(公事)・二四条(相論)				218
4	弘治2・正・18	竜朱印状	(宛名欠)	(宛名欠)	集衆	棟別銭相論	493
5	弘治3・1・9	竜朱印状写	田方郡	田方郡	悪党	悪党相論	526
6	永禄3・4・28	片桐為成他証文	赤須	同左	上穂	山問答	692
7	永禄6・8・9	山川等連署証文	赤須昌為	赤須郷	菅沼郷	川・草間問答	832
8	永禄9・9・3	信玄判物	大祝他	同左	栗林郷	造宮銭相論	1022
9	永禄9・9・晦	信玄判物	竹居祝他	大祝	高木喜兵衛	造営銭相論	1028
10	永禄9・11・4	曽祢等連署証文	宮下新左衛門	藤四郎	宮下新左	田地問答	1038
11	永禄10・5・4	竜朱印状	小林監物	同左	申掠人	替地相論	1073
12	(永禄11)7・12	信玄書状	勝仙院	極楽坊	大蔵坊	年行事職相論	1295
13	(永禄13)4・10	竜朱印状	(内藤昌秀)	惣社郷	井田・百姓	荒田相論	1536
14	天正元・12・24	竜朱印状	小佐野越後守	同左	井出権丞	神領相論	2248

15	天正2・8・10	栗原信盛他	保科八郎左衛門	同左	板山孫左衛門	田地問答	2327
16	天正4・3・16	竜朱印状	一蓮寺	同左	工藤弥八郎	跡職他問答	2609
17	天正4・8・27	三尾直継証文	定勝寺	同左	二子荷雇	人足相論	2715
18	天正6・3・21	安西等連署写	両角孫左衛門	同左	富岡芹ケ沢	山問答	2956
19	(天正6)3・21	漆戸虎光等連署証文写	室住孫左衛門	同左	両角監物	山問答	2957
20	(年未詳)4・22	春日虎綱書状写	原昌胤	山田	須田	知行相論	2988
21	天正7・3・4	南方等連署状	熊井右馬丞	山内すげ之郷	熊井右馬丞	造宮問答	3103

これらによると、争論の要因としては多様な動機による案件があり、第一表からだけでも知行地(No10・14・15・20)、田地(No10・15)、賦課税(No4・17)、入会地(No6・7・18・19)、勧農(No13)、治安維持(No5)、造宮銭負担(No8・9・21)、相続問題(No12・16)などが確認でき、これらはほんの一部で、係争の原因となる利害の対立状況は、領主間、領主と農民間、農民間にわたって多様な場合が想定される。しかしこれらの争論の裁定が、最終的にはすべて大名によって行われている点が重要である。

第一表の中で「甲州法度」ほかで「公事」表記がみられるが、これは明らかに訴訟を示すものであって、当時一般的な本年貢ほかの諸納入物を示す税としての公事の意味ではない。例えばNo2にみえる公事の用例は、伊勢神宮の御師幸福虎勝が信濃佐久郡での信者獲得に際して久保蔵氏と公事に及んだというものであり、この場合は宛名が一族の幸福大和守宛となっていて、御師間での係争を通告したものにすぎない。

第一表で確認される領主間での知行地争論の事例としては、以下の事例が明瞭である。

[史料一]　春日虎綱書状写(石井進氏所蔵「諸家古案集」、「武田遺文」二九八八号)

須田方与山田左京亮知行就相論之儀、仕形存分、以代官可被申上由、御書謹而奉頂戴、即申届候処、於于本領者

雖無紛候、近年之様体無覚束候条、不及披露、可指置由被存候、山田方被為帰郷尤存候、此旨御披露所仰候、
恐々謹言、
卯月廿二日　春弾
虎綱（花押を欠く）
原隼　御宿所

これは年未詳であり、前述したように、須藤氏が取り上げている文書であるが、宛名の春日虎綱が海津城代を勤めていた時期のものであり、香坂姓から春日姓に戻った永禄九年九月以降、その没年の天正六年六月に至る間のものである。海津領の上高井郡での有力国衆である須田氏と山田氏の知行地争論に関して、城代として担当奉行の原昌胤に山田方の帰郷が尤もとの意見を具して上申を依頼したものである。最終裁定者は信玄となっており、領主間の争論の裁許が重要視されていたことは明らかである。

これに対して農民間での田地をめぐる争論内容を示すものとして、以下の文書をあげることができる。

［史料二］武田家奉行連署証文（豊丘村・河野家文書、「武田遺文」一〇三八号）

信州下伊奈川野之郷田地問答御下知之次第

一、従宮下新左衛門所、藤四郎去辛酉・壬戌両年米銭借用依無紛、藤四郎名田之内七百五十文之所、其方請取作仕来之処ニ、彼借物不相済、去年彼田地以強儀、藤四郎取放候事、背国法候之条、為其過怠、来丁卯一歳、右之田地相計、翌戊辰之正月藤四郎方へ可返置之事、

一、孫左衛門田地之御年貢未進、其方御代官衆へ弁済、剰以証状、自孫左衛門方七百五十文之田地、永代請取之上者、於于自今以後可相計之事、

以上、

丙寅(永禄九年)

十一月四日　　曽禰

虎長(花押)

原隼人佑

昌胤(花押)

宮下新左衛門

これは下伊那郡川野郷(豊丘村)の質地田地をめぐって、宛名の宮下新左衛門が借主の藤四郎が、借物を返済せずに質地を取り返したことを、武田氏に訴えたことについての担当奉行の連署裁許状である。この文書に関しては前述した須藤氏の論考でも取り上げられており、そこでは「国法」に背いた宮下新左衛門へ借物を返還するように裁許されたものと解釈している。しかしそれでは、訴人と論人の立場がまったく逆になってしまう。藤四郎は名田を所有する地下人であり、宮下新左衛門と隣接した地域の農民と思われ、在所での農民間田地争論の典型的な事例であり、この場合は公事担当奉行の裁定で決着している。争論対象者の身分や階層に応じて対処方法には差異があったといえる。

二　訴訟状況の実態と背景

訴訟文言を含んだ文書は多く確認される。とりわけ勝頼期の天正年間には多くなり、これはその時期の政治状況を反映した結果と思われる。「甲州法度」では二六ケ条本と五七ケ条本ともに同内容の二ケ所の規定があり、寄子の訴訟は奏者によるべしとの規定である。因みに「訴訟」とみえる文書を摘記してみると以下の第二表となる。

第二表 「訴訟」表記文書一覧

出典の番号は「武田遺文」

No	年月日	文書名	宛名	訴人	相手	争点	出典
1	天文16・6・朔	甲州法度 二六ケ条本	なし				217
2	天文23・6・朔	甲州法度 五七ケ条本	二七条(訴訟)・二八(訴訟)				218
3	永禄8・12・5	信玄判物	大祝他	同左	御射山原	不耕作地作田	965
4	永禄8・12・11	信玄判物	大祝他	同左	小井出源二	神事役訴訟	971
5	永禄9・9・3	信玄判物	大祝他	同左	栗林郷	造宮銭	1022
6	永禄9・9・晦	信玄判物	竹居祝他	大祝	高木喜兵衛	造営銭	1028
7	永禄10・5・4	竜朱印状	三原衆	近辺之民	三原衆	草津湯停止	1074
8	永禄11・4・28	竜朱印状	依田新左衛門	同左	武田氏	永在府訴訟	1262
9	(永禄12)7・1	信玄書状写	(宛名欠)	富士信忠	穴山信君	訴訟数多	1423
10	永禄13・3・4	竜朱印状	深志在城衆	祢津・立河	深志在城衆	人質訴訟	1518
11	(元亀3)11・7	穴山信君書状	三浦左京亮	同左	穴山	進退訴訟	1984
12	元亀4・4・23	勝頼起請文	内藤昌秀	同左	勝頼	存分訴訟	2122
13	元亀4・7・5	勝頼判物	奥山右馬助他	同左	勝頼	新恩訴訟	2136
14	元亀4・8・14	竜朱印状	東光寺	同左	勝頼	寺領訴訟	2150
15	元亀4・9・23	竜朱印状	塩屋五郎右衛門	跡部勝資	勝頼	知行訴訟	2181
16	天正2・9・11	竜朱印状	松井清八郎	松井山城守	勝頼	替地訴訟	2364
17	天正2・9・11	竜朱印状	松井善十郎	松井山城守	勝頼	替地訴訟	2365
18	天正2・11・28	竜朱印状	本間和泉守	小笠原信興	勝頼	家督訴訟	2385
19	天正3・2・24	竜朱印状	(宛名欠)	浅間神社	勝頼	納物訴訟	2465
20	天正3・10・13	竜朱印状	法泉坊	同左	勝頼	観音堂建立訴訟	2538

21	天正3・11・19	勝頼判物	武田信豊	望月印月斎	武田信豊	相続訴訟	2549
22	天正4・2・25	竜朱印状	小宮山丹後守	小幡孫十郎	小宮山丹後守	人質返還訴訟	2596
23	天正4・5・14	竜朱印状	岡部短波守	同左	勝頼	知行増分訴訟	2652
24	天正5・3・25	小原継忠書状	印首座	座光寺坊主	武田信廉	寺領訴訟	2791
25	(天正5)4・9	栗原信盛書状	内田右近丞	同左	勝頼	加増訴訟	2800
26	天正5・閏7・13	勝頼判物	加津野昌春	加津野老母	勝頼	名跡相続訴訟	2846
27	(天正5)閏7・22	跡部勝資書状	誓願寺	同左	小山田同心	山林訴訟	2854
28	天正5・11・25	竜朱印状	網渡奉行衆	大祝	網渡奉行衆	網引訴訟	2894
29	(天正7)2・9	内藤昌月書状	瀬下隼人	同左	内藤	在城訴訟	3084
30	(天正8)3・13	土屋昌恒書状	浦野民部	同左	勝頼	知行訴訟	3283
31	天正8・閏3・23	竜朱印状	夜交左近丞	同左	勝頼	改替所務訴訟	3309
32	天正8・9・3	尾崎重元証文	大滝和泉守他	尾崎	勝頼	当納訴訟	3423
33	天正9・2・26	竜朱印状	太田忠左衛門	同左	勝頼	欠所訴訟	3506
34	(天正9)11・6	土屋昌恒書状	浦野民部	同左	勝頼	知行訴訟	3620
35	(天正10)2・10	佐野弥左衛門証文		奉行衆	佐野保坂常陸	被官訴訟	4005
36	(　)正・20	新宮昌忠書状	八草藤左衛門	同左	江尻	城普請訴訟	3785
37	(　)2・6	竜朱印状	香坂弾正忠	香坂図書助	高坂弾正	人質訴訟	3748
38	(　)4・2	穴山信君判物	(宛名欠)	同左	穴山	御家人訴訟	3826
39	(　)6・―	井上満直書状	(宛名欠)	同左	神長官	御頭訴訟	3868
40	(　)9・15	今福昌和証文	工衆十九人	同左	甲府	伝馬訴訟	3905
41	(　)11・14	森某証文	須津印判衆	同左	跡部勝忠	郷夫訴訟	3938
42	(　)12・2	穴山信君	山田三方衆	同左	穴山	御供料訴訟	3947
43	(　)12・11	市川昌房書状	藁科安芸守	同左	市川昌房	本領替訴訟	3957

本表でも家臣や国衆に対する知行地関係や奉公に関するものが圧倒的に多い（No8・9・11・13・15〜17・23・25・29〜36・38・41・43）。知行に関するものの一例をあげると、次のようになる。

［史料三］武田家朱印状（韮崎市・真壁家文書、「武田遺文」二一八一号）

定

一、大鳥居郷　此外陣夫壱人　参拾五貫文
一、小石和之内　市川民部丞名田　拾貫六百卅文
一、河内郷之内　七貫三百七十文

以上

右如此可被下置之旨、跡部大炊助頻御訴訟被申候之条、被相渡候、自今已後如御書付、嗜武具無疎略勤軍役、可抽戦功之趣、被　仰出候者也、仍如件、

元亀四癸酉
九月廿三日◯（竜朱印）
跡部美作守
奉之
塩屋五郎右衛門尉殿

これは勝頼に代替後の家臣宛の知行宛行状であり、宛名の塩屋氏についてはこれのみで詳細は不明であるが、寄親である跡部勝資を介して知行地について訴訟をしたものである。取次は寄親を奏者とする国法にそったものであり、跡部勝忠は担当奉行であり裁許は勝頼が行っている。知行地に関するものはすべて最終的に勝頼が裁許している点が注目される。

ついで目に付くのが、永禄八年・九年での信玄による諏訪大社の祭祀再興を命じた判物（通称「信玄十一軸」）である（№3～6）。これらは諏訪大社での各種の祭祀が中絶していた状況を回復させるため、信玄が神領の郷村に造営銭を賦課したものであり、その徴収の由緒をめぐって神社側と郷村とが争論に及んだ状況を信玄が裁定したものである。この件に関してはこの四通ほかの八通の信玄判物には訴訟文言はみられないが、内容的には同じように神社側の主張する由緒古例と、郷村側での現状認識の違いによる争論となっている。これらの裁定を信玄自身が袖判物形式で行っている点で、この時点での諏訪大社の造営と神領や神事再興の回復が図られており、その提訴が郷村に対して神社側から行われている点が注目される。

特異な事例としては被官の人質に関する訴訟のものがみられる（№10・37）。

［史料四］武田家朱印状写（国会図書館所蔵「集古文書」三二、「武田遺文」一五一八号）

◯（竜朱印影）定

禰津紀伊守子・同名監物子・立河玄蕃弟、為人質其地在城候、向後為代可勤軍役之旨、両三人御訴訟申候之間、被為返候者也、仍如件、

永禄十三年庚午

三月四日　　　土屋右衛門尉奉之

深志在城衆

これは中牧郷（長野市鬼無里）の国衆である祢津監物の子等三人が人質として深志城（松本市）に詰めていたが、当主に代わって軍役を勤めることになったので人質を返還してほしいとの訴訟があったので、返還するよう深志在城衆に命じたものである。この時点での深志城代は不在と思われ、複数の在番衆に委ねられていたことになる。これも軍役

に関わることなので裁許は当主が行っている。

さらに家臣団の家督相続に関するものもみられる（No18・21・26）。

［史料五］ 武田家朱印状（袋井市・本間家文書、「武田遺文」二三八五号）

定

本間源右衛門尉頓死、因茲、彼家督以其方、可為相続之旨、小笠原弾正少弼訴訟候之間、御領承候、然則向後為直之御家人、可致奉公之由、披仰出候者也、仍如件、

天正二年甲戌 跡部大炊助奉之

十一月廿八日 ◯（竜朱印）

本間和泉守殿

宛名の本間和泉守は遠江国衆であり、父本間氏重が天正二年（一五七四）六月の高天神城の開城により、城主小笠原信興とともに勝頼に帰属していた。その直後に父が急死したので寄親の小笠原信興が提訴してその家督を和泉守に相続させるよう取次ぎ、それが了承され今後は武田家直属の御家人として奉公するようにとの勝頼の裁許である。

また裁許者が武田氏ではない場合として、No11・35・36・38・42では穴山氏関係のものがいくつかみられるが、これらは穴山氏独自の一次的な裁許権を示すものであり、これによって決着の付かない場合には、武田氏への上訴権が認められていた。この他、武田家家臣団指出のものは担当奉行や寄親としての奏者が取次いだものであって、手続上のものであり裁許は当主が行っている。

個別の訴訟事例としては、平山優氏が、信濃国小池郷と内田郷・白川郷（共に松本市）との間での永禄四年（一五六一）の水争論と、天正四年に発生した小池郷と内田郷（共に松本市）との境争論と、天正八年四月の両郷での山争論とに

ついて検討している[8]。これらは武田氏領での地下人（郷中乙名衆）の変質過程を明らかにする事例として取り上げたものであるが、その典拠とした「草間三右衛門尉等連署状[9]」は、小池郷の乙名衆である草間三右衛門が、寛永三年（一六二六）になって回想してまとめた覚書であり、小池郷に関わる水論・山論と境界争いの経過をまとめたものである。ところが、これらの争論についての武田氏時代の関連文書は一点も残っておらず、その点では草間氏の主張を主とした二次史料というべきものである。

平山氏は、最初の争論とする水論は当事者間では結論がつかず、武田氏の裁定を仰いだが、これは在地側の要請にもとづいたものであって、その結果が在地での先例として継承されていくことになったという。ついで内田郷との境争論については、七年ごとに境目に立てていた七五三（注連縄）を内田郷側が踏み越えたことから始まり、小池側が武田氏に提訴したため、武田氏は深志在城衆らを派遣して事実関係を究明し、その地に新たに点札（入場禁止）が立てられ、その上で双方立ち会いのもとで境界を設定したとする。この場合も郷代表者による「先例」が重視され、その後での在地慣行になっていったという。村落側に訴訟での主導権を認めようとの見解と思われるが、果たしてそれでよいのであろうか。

平山氏は別に、武家とその配下の被官・下人の争論についても検討しており[10]、戦国期の被官・下人身分は、社会的・経済的理由から主家に附属していた存在であって、隷属していたのではないとしている。

ついで鈴木将典氏は、武田氏領国内での武家奉公人（被官）と在地農民の争論を問題にしており[11]、具体的には年未詳文書であるが、永昌院住職大奕が郡内領主の小山田信茂に宛てた寺領猿橋郷（大月市）の年貢納入について、百姓らが年貢の一部を未納していることを訴えて、善処するよう依頼したものであるとする[12]。ここでは訴状の形式を取ってはいないが、七ケ条にわたって寺領維持に関する要求を列記しており、その六条目には、以下のような条項がみられるとする。

［史料六］永昌院大奕寺中条目（山梨市・永昌院文書、「武田遺文」三八九三号）

（前後省略）

一、御比官衆、年具（貢）等無沙汰之事

年具催促申候処ニ、御陣奉公ニ無手透之由申、致難渋候、雖然国中陣へ罷立候者、何も年具無沙汰、可申候哉、其内別而孫左衛門尉と申者、大事之夫相勤申候か、去年冬十人、当年も廿人無沙汰申候、年々如是候条、不及了簡候、同者彼百姓前を被取放候而、厳蜜ニ可相勤、余人ニ被仰付候ハヽ、可為快然候、

しかしこの条項は、寺領内で年貢を未納しているのは百姓前をもった小山田氏被官であり、陣役奉公を理由として年貢や夫役を滞納していたとする。つまり百姓とは小山田氏被官であり、この場合は、武家奉公人（被官）と在地農民との争論を示したものではなく、この点を検証するには、郷村内での武家被官層と地下人層（百姓）の争論の事例を示す必要がある。この文書のほかに例証としてあげたものも、すべて主人による被官の掌握に関するものであって、農民との争論を示すものではない。

ついで井原今朝男氏が、戦国期における伊那地方の天竜川沿いの赤須郷と上穂郷（共に駒ヶ根市）との草場をめぐる境争論を取り上げている(13)。そこでは、第一表のNo６・７の文書によって、この争論が戦国大名の法廷で奉行人を介しての裁判手続きではなく、在地での「近所の儀」による中人制による和議・示談が一義的にあったとし、具体的には伊那衆の有力者で大島城代（松川町）であった秋山虎繁が中人として調停・仲裁しているとしているが、No６では永禄三年四月に伊那衆の片桐為成と飯島為定が連署して赤須氏に中人としての仲裁案を通知しているから、秋山氏はそれを受けて武田氏側の対応として裁許したものかと思われる。

続いて同地で起こった永禄六年八月の赤須郷と菅沼郷との川並草間争論については、武田家奉行人連署奉書によって裁許判決が下されたとし、連署した駒井家長と山川家喜は大名法廷での訴訟担当奉行人で、信玄の裁許を受けて当事者である赤須氏にその結果を通告したものであるという。その裁許結果としての奉行人連署奉書の内容は、以下のようなものである。

［史料七］武田家奉行人連署奉書（駒ヶ根市・松崎家文書、「武田遺文」八三二号）

下伊奈赤須之郷与同菅沼、川並草間問答、御下知之次第、

一、問答之草間三分一、赤須三分仁、菅沼江被付候事、

一、本川之事、自今以後、何之領分江成共、流次第ニ可相計事、

一、右之草間三分二、菅沼へ被付候境へ、従菅沼之岸、以尺杖相積分量書載、川之画図、双方へ可被相渡候事、

一、当意川之境、曽掃・吉八、彼画図ニ居判之事、

一、両使帰参候砌、彼画図一ツ、為御披見、可有持参之事、

以上

（永禄六年）
癸亥

八月九日　山川三郎兵衛尉

家喜（花押）

駒井孫次郎

家友（花押）

赤須殿

天竜川を挟んでの流路と草間の境界を争ったものであり、係争地域の三分の一を赤須郷、三分の二を菅沼郷分とし

た裁定をしている。連署の二人を武田家の奉行人としており、とすれば公事奉行となるが、それには無理があり、これこそ井原氏が主張する地元の有力者による仲裁結果の通告文書であると判断される。この場合の裁定結果にも、永禄三年時の中人制による三分法が適用されており、井原氏はこの他にも第一表で示したNo10・18の争論事例をも検討しており、村落間での草苅場紛争が激化してくる経過の中で、中人制の調停を越えて大名法廷に提訴する場合が多くなってきたというが、そうした状況は天正期になってからのものと思われる。

ついで訴訟制度に関連した文言を含む文書として、評定・解状・目安のみられるものがあり、それらを表記したものが第三表になる。

第三表　訴訟関連文書一覧

出典の番号は「武田遺文」

No	年月日	文書名	宛名	訴人	相手	争点	出典
1	永禄4・5・10	竜朱印状	恵林寺	恵林寺	評定衆	湯屋造営	741
2	永禄9・12・28	竜朱印状	おにし内蔵丞	明神社人	甲府へ目安	八彦明神造宮	1049
3	永禄13・4・20	竜朱印状写	小井出越前他	神長官解状	栗林北方	御左口神用銭	1543
4	天正4・4―	御宿友綱書状写	小山田左右衛門太夫	宿老	信玄	納馬評定	2638
5	(天正6)3・6	土屋昌恒書状	引導院	同左	御山衆中	旦那評定	2948
6	天正6・7・11	北高全祝書状	最乗寺	北高	最乗寺	輪次評定	2997
7	(天正6)8・19	勝頼起請文	上杉景勝	勝頼	景勝	抜公事	3007
8	天正8・11・28	跡部勝忠他	早川兵部助	器師目安	早川兵部助	御定器銭	3451
9	天正9・3・28	本門寺申状	御奉行所	本門寺評定	西山日春	由緒違背	3526

このうち評定衆はNo1のみにみられるものであって、これは恵林寺領内の河浦郷(三富町)に勧進によって湯屋造営を恵林寺の評定衆が願い出たものであって、武田氏での職掌に関するものではない。ほかの寺院文書にみられる「評

定」も寺院内部での協議を示したものと判断される。しかし「目安」に関しては、No2によると、小野郷（辰野町）の弥彦明神の造営料の調達手段として、商人関の設置要請を目安で甲府に提出しており、明らかに訴状としてのものであった。ただし目安箱の存在は確認されていない。

ここでもう一つ検討しておく必要があるものとして、『甲陽軍鑑』[14]の巻十七・十八の「公事之巻」にみられる一二の判例集がある。主に家臣団内部での家人や同心衆同士の喧嘩や狼藉事件の経過と裁許結果が詳細に記述されている。いずれも実在が確認される者同士の訴訟になっており、そこに記されている案件は架空や創作されたものではなく、評定所などに控えとして記録されていた引付類をもとに『軍鑑』の編集者が記述したものと思われる。

最初の事実関係の糺明には目付としての廿人衆や横目の小人頭らが当たる場合もあり、さらに公事奉行衆の協議にかけられた後、当主にその状況が報告されて御前公事となることが多くみられる。公事奉行としては『軍鑑』（巻八）によれば[15]、今福浄閑・武藤三河守・桜井安芸守の三人があげられているが、時期により担当者は変化しており、「山県同心衆之公事」を扱った事案では、真田喜兵衛・曽根内匠・三枝勘解由左衛門・今井新左衛門の四人としている。

事例の多くは単なる当事者同士の主張と係争経過が述べられたものであるが、中には「板垣弥次郎同心と公事之事」条のように、板垣弥次郎信憲被官の曲淵庄左衛門吉景の場合として、曲淵吉景は初め板垣信方の中間として仕えていたが、戦功をあげてその被官となり、さらに武功をあげたために信玄の直被官とされ、同時に信方の同心ともされていたという。寄親が板垣氏であり、板垣氏の断絶後には山県昌景の同心となったのであるが、しかし信方の後継者である板垣弥次郎信憲が、曲淵氏に棟別銭・反銭の供出を催促したため、それが訴訟の原因となっていたとしている。この場合のように単なる喧嘩や狼藉に対する裁許のほかに、同心関係の内実にまで踏み込んでの裁許例もあって注目される。

三　争論から訴訟へ

戦国期における武田氏領での争論状況や、それに対応した大名側の訴訟制度についてはこれまでの成果は少ない。そこでまず訴訟の前提となる争論の発生要因について、武田氏関係の発給文書上で確認してみると、大名領の体制維持のために知行制や在地支配についての争論裁定をしているものに限られており、争論の要因としては多様な案件があり、その当事者階層としても家臣団から在地農民まで多様な人々が対象となっており、いずれの案件に関しても、最終的にはすべて大名側による裁定が行われている点に特徴がある。

その前提としては国法である「甲州法度」の第二条の規定に、訴訟が提訴された後には公事奉行人以外に披露してはならないとあることと、二十一条に提訴人は裁許を待つべきのところ、争論半ばで理非を決せず狼藉を致せば、相手方の勝訴とするといった規定があったことによる。

[史料二]の事例でみられる農民間での田地をめぐる争論の場合、公事担当奉行の裁許で決着しており、大名の裁定までには至っていない。つまり争論当事者間での階層や身分に応じて争論への対処方法には差異があったと思われる。

ついで各種の争論が訴訟にまで発展し、大名法廷の場での決着に委ねた事例は多くみられる。とりわけ勝頼期になってからの訴訟例が目立って多くなっており、この時期での政治状況を反映した結果と思われる。訴訟内容としては、争論事案が多かったことに対応して、家臣団や国衆間での知行地や奉公関係に関してのものが中心であり、その場合の提訴は直訴ではなく、寄親や奏者を取次とする国法に沿ったものであり、公事奉行のもとでの詮議が行われ、その結果が当主のもとにもたらされ、最終的な裁許結果として提訴者に奉書式印判状の形式で伝達されている。例外的に信玄が諏訪大社の神事再興を神郷諸村に命じた指令状は、特別な使命感からか信玄袖判の判物形式によっている。

さらに裁許内容に言及しているもので、差出人が当主以外の家臣のもの場合もいくつか残っているが、それらは公事奉行としてのものや、取次奏者としての途中での折衝経過の内容を披露したものであって、それらの裁許についても最終的には当主が行っていたと判断される。ただし、いくつかみられる穴山信君の判物による裁許状の場合、これらは支城主としての領域的支配権の一端としての一義的な裁許権によるものであり、その裁定に不満の場合には、武田氏への上訴権が認められていた。

注

（1）池享「大名領国制試論」（永原慶二他編『日本中世史研究の軌跡』東京大学出版会、一九八七年）。
（2）矢田俊文「戦国期甲斐国の権力構造」（『日本史研究』二〇一号、一九七九年。後に『日本中世戦国期権力構造の研究』塙書房、一九九八年に再録）。
（3）中丸和伯「後北条氏と虎印判状」（稲垣泰彦他編『中世の視界と経済』東京大学出版会、一九六二年）。
（4）伊藤一美「戦国大名後北条氏の「庭中」と「目安」」（『戦国史研究』九号、一九八五年）。
（5）有光友學「戦国大名今川氏の歴史的性格―とくに「公事検地」と小領主支配について―」（『日本史研究』一三八号、一九七四年。後に有光編『今川氏の研究』戦国大名論集11、吉川弘文館、一九八四年に再録）。
（6）須藤茂樹「戦国大名甲斐武田氏の「訴訟」をめぐって」（『戦国織豊期の政治と文化』続群書類従完成会、一九九三年。後に『武田親類衆と武田氏権力』岩田書院、二〇一八年に再録）。
（7）茅野市・辰野虎造氏旧蔵「芦ケ沢富岡問答日記写」（『戦国遺文　武田氏編』二九五六号）、以下、同書については「武田遺文」と略記する。

（8）平山優「中・近世移行期における地下人（郷中乙名衆）の動向と郷村―郷村間争論での活動を中心に―」（『年報中世史研究』一九号、一九九四年。後に『戦国大名領国の基礎構造』校倉書房、一九九九年に再録）。

（9）草間文書（松本市、『長野県史』近世史料編第五巻、中信地方八八七号）。

（10）平山優「戦国・近世初頭の被官・下人について―主家と被官・下人争論の検討を中心に―」（『史苑』五九巻二号、一九九九年）。

（11）鈴木将典「被官の安堵―甲斐武田領国における武家奉公人と在地争論―」（『日本歴史』七〇一号、二〇〇六年）。

（12）永昌院大奕寺中条目（山梨市・永昌院文書、「武田遺文」三八九三号）。

（13）井原今朝男「戦国期山野争論の中人制と大名法廷判例の実態」（『信濃』七二巻九号、二〇二〇年）。

（14）酒井憲二『甲陽軍鑑大成』本文編下（汲古書院、一九九四年）。以下、『軍鑑』と略記する。

（15）同前巻八の「武田法性院信玄公御代惣人数之事」条。

（歴史と文化の研究所編『研究論集　歴史と文化』七号、二〇二一年六月）

第五章　戦国期武田氏領の「半手」と両属関係

はじめに

中世での境界領域については、その多様性が検討されているが、国家レベルでの領主による境界認識に関しては、必ずしもその実態が明らかにされているとはいえない。[1] そうした状況の中で、戦国期の大名領国制と国郡制による政治的な国との関係について、池享氏が整理をしている。[2] それによれば、大名領国制を国郡制にもとづく戦国期守護制(戦国期守護論)とみる見解と、下からの自律的地域社会秩序によって形成された枠組み(地域社会論)とみる見解とがあるとしており、併せて戦国大名が支配する単位として、国郡制が機能している場合もあったとしている。

ついで戦国期での「国」の語義の多様性を大名の発給文書上で検討し、「国」の使用は生活空間的な面と公権力の支配対象となっている面が一緒になったものとして使用されていたとする。それらの中で国家・惣国・分国・国役・国法・国次(国並)などの用例について、主に東国の大名の発給文書で検証し、これらはかつての公権力が支配対象としていたものとし、より国郡制に近いものと判断しているが、それぞれがすでに国郡制の枠を越えたものとして使用されている場合も多いと思われるので、この理解には問題が多いといえる。

さらに武田氏領の場合には「国・国家」よりも「分国」表記の方の用例が多いと指摘しており、それが「国中」と同義に使われている場合が多いともいう。この指摘からみても武田氏領での領国概念としては、「分国」表現であったとみてよいかと思われる。

ついで稲葉継陽氏は、領国の「境目」を大名領国の縁辺部に残された軍事的紛争地帯とし、「境目」の実態と歴史的位置とを検討している。[3] 政治史と民衆生活史の両面において、境目は戦国争乱の矛盾が最も深く刻印されているといい、境目の一般的性格としては領域性とともに両属性が認められ、その結果、該当地域では二つの権力による年貢等の二重取りが生じ、領土紛争の要因となり、その妥協策として「半手(半所務)」策による領土紛争の停止が行われたとする。その後の双方による境目仕置の結果、「半手」の両属性は流動的なものとなり、当知行状況が優先されていったと推定している。稲葉氏は「半手」＝両属性としているが、この点に関しては本稿の中で具体例を示して検討したいと思う。なお学術用語としての「境目」についての研究史に関しては、その地域での「半手」や「両属関係」問題の背景も含めて、大貫茂紀氏がまとめた詳細な成果があるので、[4] ここでは省略したい。

本稿では、分国としての武田氏領国での境界領域(境目)で独自の領主制を志向していた国衆や地侍層が、武田氏の軍事的侵攻に際して去就を迫られ、そうした状況にどう対処したかを具体的な事例によって、改めて検討しておきたいと思う。この場合、その対応には三様があったと思われる。一つは武田氏に屈服して臣従被官化してその先方衆となった場合、二つには当面の対処法として、一時的に武田氏に対抗しうる隣接大名との両属関係を志向した場合、三つめは徹底的に反発抵抗して族滅の途をたどった場合であり、それぞれについてその後の経過も含めて再確認しておく必要があると思われる。

一　研究史の概要

武田氏の場合、まず検討しなければならない点は、戦国大名化の初期に領国の境界を接していた河内領主の穴山氏と都留郡で独自の領域支配を実現させていた小山田氏との関係であり、穴山氏については平山優氏がその経過をまとめている[5]。平山氏は、穴山氏内部では、永正十年(一五一三)五月の穴山清五郎による父信懸の謀殺に象徴されるように、武田氏側の信懸に対して今川氏側に与する勢力との対立の結果であったという。この後、今川氏親による甲斐進攻が継続されるが、大永元年(一五二一)十月の飯田河原合戦で武田信虎に大敗し、穴山氏側でも信友への代替わりによって武田氏への帰属が確定していく。しかし、穴山氏の今川氏との外交関係は依然として維持しており、信虎・晴信期でも今川氏外交を担っている。ただ、こうした関係は穴山氏の武田氏との一族意識と自立性が保持されていたために、両属関係には至らなかったといえる。

ついで小山田氏の場合であるが、小山田氏は早くから甲斐都留郡の郡内領主として独自の領域支配を実現しており、守護武田氏に対抗していた。その小山田氏についての研究成果は多くみられるが、なかでも丸島和洋氏による総括的な考察は評価される[6]。丸島氏によれば、秩父平氏一族の小山田氏が、畠山重忠の乱(一二〇五年)での敗北後に、都留郡へ逃れて関係が始まったとする。南北朝末期には小山田弥二郎の娘が守護武田信満に嫁し嫡男信重を出生しており、武田氏との関係が深まっている。

これによって武田氏との関係は強化されていくが、丸島氏は南朝方の鎌倉期以来の小山田氏に替わって、武田氏との関係を強めた北朝方の小山田氏(弥二郎系)の勃興の可能性を指摘しており、その本姓も藤原氏であったとしている。

しかしこれらの点は仮説としているものであり、本姓に関しては明応八年(一四九九)に、小山田信長が平姓を称した文書などがあり、この前後の歴代の系図考証についても不確かな点が多く残されている。

郡内小山田氏について丸島氏は、前述した信長の代以降に確かな動向が明らかとなり、延徳四年(一四九二)六月の守護武田氏の家督争い(信縄と、信昌・信恵)に際して、信長の姉妹が武田信昌に嫁していたことから、信長は信恵側に味方した可能性が高いとし、明応七年に両者の和睦が成立して信縄が守護となるが、文亀元年(一五〇一)九月には伊勢宗瑞が吉田城山(富士吉田市)まで攻め込んでいるが、小山田氏の信縄勢への加勢参陣は確認されていないとしている。

永正四年二月、武田信縄が病死し、嫡男の信直(信虎)が十四歳で家督を継ぐが、それに反発した叔父信恵が再挙兵し、十月四日に合戦となり、信直は信恵一族を族滅させている。この戦いで小山田氏が信恵方に与したため、十二月に信直は小山田氏を攻め、当主の弥太郎(義山)は討死し、小山田平三(弾正)らは韮山の伊勢宗瑞に出仕している。これによって北条氏との関係が生じたこととなる。ついで永正六年に信虎が家督を継いでいた小山田越中守信有を攻め、翌七年には降伏させて和睦を成立させている。これ以後、小山田氏は八代郡や河口湖周辺に進攻してきた今川勢や、北条氏綱の甲相国境を越えての進攻戦に対して、武田氏の先方衆として防衛戦を担っている。

丸島氏は弥太郎以後の歴代を、越中守信有―出羽守信有―弥三郎信有―左兵衛尉信茂としており、享禄二年(一五二九)の信虎による郡内への路次封鎖を期として、出羽守信有の代以降、小山田氏の自立した地域領主から武田氏領での国衆への転換が計られたとする。こうした経過の中で問題となるのは、永禄二年(一五五九)頃の成立とされている「小田原衆所領役帳」(7)の他国衆の筆頭として小山田弥三郎信茂と小山田弥五郎が小山田庄(町田市)と伊豆で帳付され、津久井衆の内藤康行の所務分の内の奥三保地域(相模湖町)の一部に「小山田所務分」がみられる点である。

この件について丸島氏は、天文十四年(一五四五)十月の武田・北条氏間での和睦成立後にも、津久井領内に小山田氏の支配領域があったとし、奥三保の八ケ村で一〇四貫文の小山田氏領があり、それは「小山田氏半所務分」として実態をもったものであったという。しかし、もう一ケ所の他国衆として掲載された小山田信茂・弥五郎については、天文十二年段階の検地結果の貫高をそのままに転記したのみであって賦課の記載がない点など、支配実態を示したものではないといえる。

この問題については村田精悦氏も言及しており[8]、寛永十一年(一六三四)の相模川での「与瀬の川境論」に関する与瀬村(相模湖町)と若柳村双方の訴状に、小山田氏時代の裁許内容が引用されていることから、この地域が津久井領主内藤氏領となる以前の一時期に、小山田氏との「半所務」時代のあったことを明らかにしている。「半所務」の実態は奥三保八ケ村であり、こうした状況は三国同盟の破綻する永禄十二年まで続いたとし、この地域がこの時期に両属関係にあったとする。

しかしこの場合は、半所務地域となった奥三保には有力な領主の存在は認められず、単に郷村側での対応策としての年貢・諸役の分納であり、領主層の両属関係を示す事例とはなりえない。この場合の両属関係は地域住民の主体的な判断による両属関係といえる。しかし一時期、この地域が小山田氏領であったことは確かなことである。なお、対する津久井城主の内藤氏の動向については、黒田基樹氏の詳細な論考がある[9]。

ついで武田氏の境界認識について、斎藤慎一氏は、境目の城の諸形態を分析することによって、分国の境界の維持・管理がどうなっていたのかを武田氏の「境目の城」の考察によって検討している[10](以下、斎藤①②と記す)。具体的には、斎藤①では、上越国境の荒砥城(湯沢町)と上信国境の愛宕山城(松井田町)を取り上げ、斎藤②では、駿河に通ずる富士川沿いの河内路と中道往還のほか、上野・武蔵国境である御嶽筋、富士南山麓の大宮筋と、美濃に接する中山道の妻籠城を取り上げて、流通統制としての関所の機能や防衛上での境目城の存在についてまとめている。その上で、境界論からみた武田領分国は二重同心円の構造をしていたとし、防衛線としての境界の外側には開かれた境界があり、大名権力の及ばない地域間交流があったとする。この点に関しては、大名間で同盟関係が維持されている場合には適用されようが、敵対状況のもとでは相互に閉鎖的な対応がなされている事例が多くあり、該当しないと思われる。

境界領域でのより具体的な支配状況の事例として、畑大介氏が、駿河への大動脈としての中道往還の甲斐側の本栖地域について、国境警固の本栖城関連遺跡の存在とその維持を担わされていた地域地侍衆団の動向について検討している[11]。それによれば、本栖村は中道往還の宿駅で国境の関所があり、その警固にあたった西之海衆の渡辺氏の屋敷もあり、約一キロ北東の城山尾根上に本栖城が築かれ、九一色衆が在番し、天文二十二年五月晦日付けの渡辺氏ほかの八人の西之衆宛の武田家朱印状(「武田遺文」三六九号)では、本栖の番と材木の奉公を賞し、富士郡への往復と諸役免許がされており、国境での関所と境目の城への在番がセットになっていたという。

なお、分国の境目で独自の領域支配を実現させていた国衆や地侍が、武田氏との軍事的な緊張関係の経過の過程で従属化し、その地域での先方衆と位置づけられて、その多くが外様国衆として家臣団化していく状況については、柴裕之氏がその概要を述べている[12]。各国別に主要な先方衆名をあげ、こうした地域領主(国衆)と武田氏との関係の形成と展開について検討している。

柴氏は、先方衆の権力編成は、親類・被官と同心衆を基軸として自立していたとし、先方衆領は家中と支配領域とからなる国家であったとする。これを国家と表現するのには抵抗があるが、先方衆が親類・被官を基軸とした「家中」が当主を推戴した権力構造であり、同心衆との関係維持を実現していたとする点については了承される。ただし、ここで言及している木曽氏重臣の山村良利が天正三年（一五七五）七月に武田勝頼より手塚郷（上田市）で五〇貫文を宛行われていることと（「武田遺文」二五〇六号）、元亀四年（一五七三）八月に三河先方衆の田峰菅沼氏家中が武田・徳川方に分裂したことも両属関係としているが、これらの事例も両属関係の事例とみてよいのであろうか。詳細は後述したい。

従属した先方衆には、武田氏へ起請文の提出、甲府への出仕、婚姻関係の強制、人質提出などの緊縛策のほか、最大負担としての軍役が割当てられ、地域防衛が義務づけられることになる。その代償としては武田氏による所領の安堵・宛行のほかに諸役負担の免許や軽減、さらには「境目争論」での支援や調停が行われていたといえよう。

二　「半手」所務の事例と実態

「半手」の実態を最初に問題としたのは秋山伸隆氏である⑬。天正八年（一五八〇）段階に山陰地域で毛利氏と織田政権との対抗関係文書中にみられる「半納」に関して、その実態が境目で敵対する双方での年貢の折半を内容とした場合のあることを論証した。

武田氏領での「半手」文書を最初に問題にしたのは笹本正治氏である⑭。境目での市場設定として、木曽と美濃との境目の田立口（木曽町）での「出合市」の存在に注目し、これを「半手商売」とみて、敵方との商行為の場であったとする。

ついで井上哲郎氏は、西上野における北条氏との国分け状況の中での「半国」を問題にし⑮、武田氏が西上野を領有したことによる利根川を境としての国分け協定で、郡規模での分国化を実現させていたとするが、ここではその境目にあたる地域での「半手」状況の具体的な事例はあげられていない。

それに対して峰岸純夫氏は、長楽寺住職の賢甫義哲の「長楽寺永禄日記[16]」の永禄八年(一五六五)七月二十四日条の記事から、利根川を越えての由良氏領に半手の地域があったとしている。[17]さらに北関東や江戸湾岸域での「半手」の諸事例を検討した後、遠江での武田・徳川氏の境界領域での事例として、年未詳九月晦日付けの駿府商人松木宗清ほか一〇人宛の穴山信君判物(「半手商売定書[18]」)を検討し、境目である大井川端の榛原郡水川郷(榛原町)で半手の商売が行われていたとする。

峰岸氏は、併せて遠江の見付宿(磐田市)に残る延宝二年(一六七四)の「由緒書上控[19]」に、「信玄公度々遠州江御出被成候付、町人百姓以下、其所ニ居住候儀不罷成、在所を遁、能所を見立、寄合罷有申候、御年貢を半分つつも、信玄公之方へ上ケ可申候得ハ、其所へハ夜討乱取杯不入申候」とある記述を紹介しており、半手が年貢の半納であったことを明らかにしている。この点は本稿の冒頭で検討した『役帳』での北条氏津久井領の半手表記と同一のものであって、「半手」＝半納は両属関係を示す用語であったとする。

ついで黒田基樹氏もこの問題に言及しており、[20]「半手」は軍事的境界地域にある村々が両属関係を維持することによって、大名間の戦争を停止させ、村々による主体的な平和形成を実現させたものといい、「半手」が村の要請によるものか、大名間協定が優先していたものかが問題であり、両属関係についてもそれが政治的中立の結果とみる見解などもあり、なお検討の余地があるとする。

具体的には北関東での事例を北条氏との関係で検討しており、ついで武田氏領については、上武国境域の三ツ山城主(藤岡市)の長井政実による北谷(藤岡市)の地侍飯塚氏宛の年未詳六月十六日付けの仕置き判物に、[21]「一、北谷・片切之地へ、阿久原・渡瀬、其外半手者ニ候も、一切不可寄、若越候者、からめ取尤候事」とある記述を取り上げ、隣接する北条方の武蔵鉢形領の半手郷村からの進入を厳しく抑制していた状況を紹介している。

さらに黒田氏は、前述の峰岸氏が紹介した「半手」表記とある唯一の年未詳九月晦日付けの駿府商人松木宗清ほか一〇人宛の穴山信君判物（「半手商売定書」）を再検討し、半手領域が流通上の要地として、軍事的な境界地域となっていた場合での敵対する双方での交流の場として機能していたとし、半手領域は、大名間での平和が成立しえない状態で、その地域だけでなく周辺村々の意志をも反映して、地域住民が主体的に創出した平和領域であり、軍事的には中立の地域であったとする。

三　両属関係の実態

ついで、分国の境目にあって武田氏との折衝経過の結果として去就を迫られた国衆や地侍について、地域ごとに個別の氏族を取り上げて、具体的な経過を明らかにしておきたい。

まず、北信濃で越後と上野と国境を接する地域での国衆等の動向であるが、注目されるのは信越境目地域の志久見郷（下水内郡栄村）領主の市河氏である。鎌倉期以来の旧族で、戦国初期には上杉氏と同盟していた北信の有力国衆である高梨氏に従属していたが、武田氏と上杉氏との北信地域をめぐる抗争経過の中で、武田氏の調略を受けて、弘治二年（一五五六）七月には武田氏に帰属しており、その賞として旧領であった「安田遺跡」（中野市）の宛行を受けている（「武田遺文」五〇三号）。

この市河氏に関しては関係論文も多くあり、基本となる「市河家文書」についてもほぼ全容が紹介されている。(22)それらによれば、帰属後の市河氏は武田氏滅亡期まで一貫して北信での有力国衆として国境を守り、本能寺の変後には上杉景勝に従属し、慶長三年（一五九八）の上杉氏の会津転封により北信濃を退去している。市河氏の場合、帰属後、武田氏の最終段階まで先方衆外様国衆の立場を堅持した典型例といえる。市河氏と対照的な動きをしたのが高梨氏であり、本拠である高梨城（中野市）の攻落後も、信越国境域に留まって最後まで上杉方の防衛線となっている。

ついで上信境での国境地域の状況である。永禄四年（一五六一）十一月に、武田氏が本格的に西上野に進攻する以前には、村石正行氏によると、西上野から高井郡域に通ずる上州道が何筋かあり、地域間での武家の移動や文化の交流が盛んであったという[23]。そうした状況の下で、川中島地域をめぐって上杉氏との抗争が激化してきて、弘治二年六月、高井郡域での有力領主である綿内城（長野市）の井上左衛門尉が武田氏より綿内領で三五〇貫文を宛行われて武田氏に帰属し、続いて仁礼（須坂市）の仙仁氏、松代（長野市）の西条氏ら千曲川東筋の国衆らも相次いで帰属した。翌弘治三年二月には、高井郡の有力国衆であった山田城（高山村）の山田左京亮（原左京亮）に対して、武田氏は以下の判物を与えている。

［史料一］武田晴信判物写（石井進氏所蔵「諸家古案集」二、「武田遺文」五三〇号）

今度最前于降参、祝着于候、仍本領五百貫文地、不可有相異、又為新恩、大熊郷七百貫文之所出置候、弥忠節肝要ニ候者也、仍如件、

（弘治三年）
丁巳

二月十七日　晴信　判計

山田左京亮殿

これら氏族の帰属によって武田氏は西上野への通路を確保している。

こうした状況の中で、山田氏と同族であった地域領主の須田氏一族の動きは少し異なっている。須田氏に関しては、

井原今朝男氏と花岡康隆氏の論考があり[24]、戦国期には惣領系で須田郷(須坂市)を拠点とした信頼・信正父子と、庶流系で大岩郷(須坂市)を拠点とする満国・満親に分立しており、前者が武田氏、後者が上杉氏に従属していたという。ともに当初は葛尾城(坂城町)の村上義清に従属していたが、須田新左衛門尉信頼は、天文十九年(一五五〇)九月にいち早く武田氏へ誓詞を出して関係を強めており(『甲陽日記』)、大笹街道の起点と千曲川の渡し場となっていた福島城(須坂市)を拠点としていたという。

上杉氏との川中島対決が進行する経過の中で、弘治三年初旬までの武田氏の攻勢に対して、四月以降、上杉氏の反攻があり、山田城・福島城が奪還される。第三次川中島合戦の始まりであり、須田氏が両陣営に分裂したのはこの時からと思われる。その後の武田方の攻勢によって、須田信頼は福島城に復帰しており、庶流の満親系は越後に亡命している。こうした分裂による一族間の両属関係は、地域支配とは無関係な場合が多いと思われる。

ついで問題なのが上越境目地域での国衆や地侍の動向であるが、武田氏との関係では栗原修氏の研究が先行している[25]。天正六年(一五七八)三月の上杉謙信の急死によって、ともに養子であった景勝・景虎間での後継争いである越後御館の乱となり、上越境目地域は、にわかに上杉・北条氏間での係争地となっていく。こうした状況の下で上杉氏の関東進攻以来、厩橋城代に任じられていた北条高広・景広父子の動向が注目され、当初に北条父子は景虎方として越後へ出兵している。しかし翌七年三月に景虎が敗死し、同時に甲越同盟が成立したため、北条高広は武田勝頼に帰属した。その際の勝頼判物には、以下のようにみえている。

［史料二］　武田勝頼判物(米沢市・北条家文書、「武田遺文」三一五七号)

定

今度北条安芸入道、当方へ一味、併其方諫言故ニ候、誠忠勲感入候、時宜入眼之上、必一所可出置候、委曲内藤

修理允、可演説者也、仍如件、
天正七年己卯
八月廿八日　勝頼（花押）
北条右衛門尉殿

同日付けで同文のものが一族の北条長門守（高政）にも宛てられており（「武田遺文」三一五八号）、箕輪城代内藤昌月の調略によって北条氏一族が高広を説得していることが明らかにされている。

これによって武田氏の東上野への進攻が容易となり、真田昌幸による沼田城（沼田市）攻めが本格化する。その経過についてはかつてまとめたことがあるが(26)、甲越同盟の成立により、沼田領は上杉・武田・北条氏間での係争地となり、沼田城は上杉方に属していた藤田信吉・金子美濃守らが守備していたが、天正八年六月晦日に開城して真田氏に降伏している。その際に沼田領を逃れた国衆や地侍衆に対して、後述するように勝頼による知行宛行約諾状が与えられており、真田氏による沼田領での再編成が進行していくことになる。

栗原氏は別に、その中の一人である小川郷（みなかみ町）の国衆である小川可遊斎の従属経過について検討しており(27)、真田氏の沼田城攻めが始まると同時に、昌幸から調略を受けて武田氏に帰属していることを明らかにしている。その際の武田家朱印状によれば、以下のようにある。

［史料三］ 武田家朱印状写（「別本歴代古案」一七、「武田遺文」三二八五号）

定

其地相抱、可被忠節之旨候之条、任所望、利根河西、従荒牧上、被相渡候、河東之事者、御糺明之上、望之地不可有異儀、然者、其地堅固可被相踏之事、肝要之趣、所被仰出也、仍如件、

天正八年　　真田安房守奉之
三月十六日（竜朱印欠）
荷葉斎

これには同日付けで可遊斎家臣の小菅刑部少輔宛の真田昌幸副状がある（「武田遺文」三三八六号）。これらによると、小川氏側から誓詞の要求があり、知行方については要望を受け入れるとある。そして利根川西域（新治村）への知行替えを保証し、旧領の河東地域での知行については紀明の上としている。これについては、同年十二月七日付けの勝頼判物写（「武田遺文」三四五五号）によれば、旧領小川三〇〇貫文も含めて五ケ所で合計一一一〇貫文の本領・新知の安堵・宛行を受けていることが確認されている。

この小川可遊斎については、大貫茂紀氏も境目領主の典型として取り上げている[28]。大貫氏は、一郡規模以上の所領規模をもつ有力国衆に対して、中小規模の国衆（地侍衆）の場合として検討している。

拠点の小川城は、越後からの通路である三国峠道と清水峠道の分岐点に位置した物資輸送上の拠点であり、上杉景虎（謙信）の関東越山以来、上杉氏に従属していた。ところが御館の乱の勃発により、小川氏は北条氏照に従って越後へ出兵しており、その後も沼田城へ入って一時的に北条氏に従属していた。しかし前述したように、甲越同盟の成立によって武田氏配下の真田氏による沼田城攻めが開始されると、小川氏はいち早く武田氏に帰属し、以後、武田氏が滅亡する直前の天正十年二月に越後へ逃れていることが確認されている。

しかし、小川氏は武田氏に帰属した後も上杉氏との連絡役を担っており、大貫氏はこうした状況から、小川氏は自立性を保ちながらも両属的・多属的性格をもった境目領主であったという。ただ、小川氏が武田氏に帰属した後に北条氏や上杉氏からも知行宛行を受けていたような形跡はなく、この場合は両属関係とはいえないのではないだろうか。

なお沼田地侍衆の武田氏帰属に関しては、小川氏よりもさらに所領規模の小さい諸氏の事例が多くあり、中でも小中彦兵衛尉に関しては、一六ケ所にわたる新知宛行状が与えられているほか(「武田遺文」三三一八号)、沼田氏系の赤見山城守綱泰に関しても、赤見初夫氏の詳細な研究にみられるように[29]、真田氏を取次として武田氏に帰属している。

ついで、武田氏による永禄十二年の駿河進攻以降の徳川家康との対抗経過での遠江・三河地域の国衆や境目領主の動向と、続く美濃・飛騨への進攻による織田信長との対抗経過での境目の国衆や領主層の動向を検討しておきたい。これらの問題に関してはかつて二、三の論文をまとめたことがあるが[30](以下、柴辻②③④と記す)、その後に発表されたものもいくつかあり、それらの成果も参考にして、分国境目で去就を迫られた国衆・地侍らの動向に焦点を合わせてここで再検討をしておきたい。

武田氏による遠江への本格的な進攻があったのは、元亀二年(一五七一)二月からであったとの通説は、否定説もあったが現在では定説化しつつある。その際にいち早く帰属したのが徳川家康に属していた犬居領(浜松市春野町)の天野氏であることも明らかにされている。天野氏に関しては小澤舜次氏の著書があり[31]、鎌倉初期以来の天野氏の略譜を述べた後、武田氏との関係については、以下の文書をあげている。

[史料四] 武田勝頼書状写(春野町・天野家文書、「武田遺文」二四九七号)

急度染一筆候、仍今度至駿州、雖敵動候、其谷無事満足候、光明之番申付候間、定可被移候歟、弥谷中堅固備任入候、就中子息小四郎、此度長篠於法元、最前越川則合鑓、別而粉骨感悦候、其上無何事、被退候儀、勝頼大慶不過之候、猶玄蕃頭江尻在番候之条、用所等可被相談候、恐々謹言、

六月七日　　勝頼　御判

天野宮内右衛門殿

これは無年号であるが、「武田遺文」では天正三年と推定している。小澤氏は元亀二年としており、長篠敗戦後の書状とするのは不適切な内容なので、これを元亀二年とする見解に従っておく。これによれば天野景貫・藤秀父子は、武田勢を受け入れた後、三河への進攻を先導していると思われる。因みに元亀四年七月五日付けの天野小四郎（藤秀）宛の勝頼判物では、藤秀の甲府での奉公を賞して堪忍分の知行を宛行っている（『静岡県史料』四輯、天野家文書六三号）。秋本太二氏も天野氏が武田氏に帰属した時期を元亀二年三月としている。(32) しかし、武田氏との接触は天文二十二年末頃よりみられ（「武田遺文」四一〇号ほか）、今川氏従属期よりその関係は一定程度に保たれていたと思われる。永禄十一年十二月の武田氏の第一次駿河進攻時には、秋山虎繁らの別動隊が伊那口から遠江に進攻した際に、天野氏が人質を出してその先導を勤めたとの記事が『甲陽軍鑑』（品三四）にみえており、勝頼期のものになるが天野氏の人質が甲府に在府していたことを示す文書も残っている（「武田遺文」一四一〇号）。その後の家康の攻勢によって、遠江国衆の多くは徳川氏に帰属しているが、天野家文書の中にはこの時期にもなお今川氏真文書が残っているように、徳川氏への帰属は不安定なものであったと思われる。以上の状況から、天野氏が元亀二年以前の段階で、同時期に今川氏や徳川氏との両属関係にあった時期はないといえる。天野氏は長篠敗戦後に犬居城を退去して信濃へ逃れている。

同時期に天野氏とほぼ同様な対応をしたのが、谷筋を異にして隣接対立していた奥山郷（浜松市水窪町）の奥山氏である。奥山氏に関しては加藤哲氏の考察があり、(33) 武田氏への帰属を翌元亀三年十月の武田勢による青崩峠越えでの遠江進攻時としており、同年十月二十一日付けの奥山左近将監宛の本領安堵の武田家朱印状をあげている（「武田遺文」一九七八号）。奥山氏はこれ以前から武田氏との接触があったというが、その可能性のあるのは前年の武田勢の犬居城入城時であったと推定しておく。奥山氏も天野氏とほぼ同時期に家康に攻められて没落している。

ついで、元亀三年十月以降の信玄による第二次遠江・三河出兵時での境目国衆・地侍の動向であるが、これを機として同年末までに武田氏より本領安堵・新知宛行を受けて最終的に帰属した氏族は多い。奥三河の山家三方衆も同年七月晦日の段階で旧領を安堵されて帰属しているが（「武田遺文」一九二九号）、柴裕之氏は、武田氏の奥三河進攻が開始されるのは元亀二年からとしており[34]、その状況を示すものとして、同年四月晦日付けで山県昌景が孕石元泰に宛てた書状（「武田遺文」一七〇四号）をあげているが、後にこれを天正二年のものと訂正している。

しかし、翌元亀三年四月の段階で秋山虎繁らの下伊那衆の別働隊が奥三河に進攻しており、同年十一月十二日付けの遠藤勝胤宛の信玄書状によれば（「武田遺文」一九八七号）、岩村城（恵那市）の攻略を賞し、さらに岐阜に向かって敵対するよう指令している。ところが翌四年四月には信玄の病死によって勝頼が家督を継承し、それまでに帰属した境目諸将へも改めて継目の安堵状を与えている。

勝頼のこの地域への対応で注目されるのが、天正二年六月の高天神城（掛川市）の小笠原氏攻略である。この遠江の小笠原氏については黒田基樹氏と小笠原春香氏の論考があり[35]、今川氏の有力国衆であったが、氏助の代に徳川氏へ従属していた。ついで小笠原氏助と武田氏との接触を示す初見文書として、次の文書をあげている。

［史料五］ 武田信玄書状（武市通弘氏所蔵文書、「武田遺文」一九七六号）

不違兼日之首尾、各忠節誠感入存候、於向後者、追日可令入魂存分候、弥戦功専要候、当城主小笠原悃望候間、明日国中へ進陣、五日之内越天竜川、向浜松出馬、可散三ケ年之鬱憤候、猶山県三郎兵衛尉可申候、恐々謹言、

十月廿一日　　信玄（花押）

道紋

本文書は信玄が元亀三年十月に山家三方衆の奥平定勝に宛てた書状であるが、黒田・小笠原両氏は、ここにみえる「小笠原悃望」を氏助とみて、この時点で小笠原氏より降伏交渉があったとする。しかし、この点に関しては別稿で

明らかにしたように、[36] 元亀三年十月時の遠江進攻時には高天神城攻めはなかったとし、この小笠原氏は信濃・松尾城主(飯田市)の信嶺であるとした。

従って前述したように、高天神城の攻略は天正二年六月十七日であり、その直前の五月二十三日には、氏助が穴山信君を介して誓詞を出しており、領知の安堵を取り付けている(「武田遺文」二二八八号)。武田氏に帰属した氏助は、官途名弾正少弼と「信」の一字を拝領して信興と改名している。所領や同心衆も安堵され、以後、短期日であるが自立した独自の領域支配を実現させている。しかし翌三年五月末の長篠敗戦によって、徳川氏の高天神城奪還が具体的になり、同年十月末を最後として、高天神城主を交代となり、富士郡に移封されている。小笠原信興の場合も、明確な両属関係を示す時期はなく、むしろ一時的ではあるが、自立した独自の領域支配体制を構築しようとした積極性が認められる。

最後に武田氏の東美濃進攻による織田信長との折衝経過であるが、この問題に関しては横山住雄氏がこの前後の状況をまとめている。[37] 横山氏は、とりわけ織田氏に従属していた東美濃最大の国衆である遠山氏一族への武田氏の調略経過を問題にし、元亀三年十月の信玄による西上作戦の一環として一族が分断され、岩村遠山氏は断絶し、信長についで徳川氏に帰属した苗木遠山氏のみが大名として生き残ったという。遠山氏への武田氏の調略は木曽義昌を介して天文末年頃から始められていたという。

ついで小笠原春香氏の考察があり、[38] 遠山氏の武田氏への帰属を天文二十四年とし、遠山氏の介在によって武田・織田同盟が実現し、遠山氏の両属体制が維持されていくというが、この甲濃同盟は、永禄八年十一月に、信長の働きかけにより、信玄四男勝頼と信長養女(遠山氏)の婚姻が成立したものであり、遠山氏の関与を示すものはみあたらない。この甲濃同盟は信玄の上洛戦略が始められる直前まで続くこととなる。小笠原春香氏は、初期の遠山氏の動向について、南信濃の江儀遠山氏（飯田市）との混乱がみられる。

武田氏と遠山氏との関係については、柴辻③で関連文書一覧表を作製して検討したことがあるが、それによれば、天文二十二年十一月から元亀四年三月までの間に三四点が確認されるが、元亀三年十一月以前のものはいずれも軍事上での提携関係を示したものであり、主従関係や同盟関係を推定させるものはみあたらない。つまり遠山氏はこの時期までは自立性を維持しながら、斎藤・織田・武田氏との協調関係を維持していたといえ、両属関係を示すような時期はなかったといえる。小笠原春香氏は、天文二十四年と推定される九月二十七日付けで武田晴信が木曽義康に宛てた書状（「武田遺文」六四五号）の内容から、苗木遠山氏が武田氏に従属していた可能性があるとしているが、この段階では斎藤氏の攻勢に対する支援要請に応じたまでであって、武田氏への従属とまではいえない。しかし永禄十年九月の信長による稲葉山城攻落によって、美濃の政治状勢は一変し、遠山氏は信長との関係を強めていく。

ところが元亀三年五月に苗木の遠山直廉が病死し、ついで同年八月に岩村の遠山景任が病死したことから、遠山氏は一気に危機的な状況を迎えることになる。同年九月には信長が先手をとって岩村城の接収に成功しており、前述したように、武田氏は別動隊をもって十一月十四日に同城を攻略している。秋山虎繁を城代として入れ、岩村領支配を進めていき、この時点で初めて遠山氏の武田氏帰属が確定したといえる。その状況を示すものとして、以下の文書をあげておく。

［史料六］武田信玄判物写（京都大学所蔵「古文書集」、「武田遺文」二〇二七号）

尾州織田信長、東濃州出張之由申来候間、早々彼地懸向、追払尤候、遠三両国之事者、別人申付候間、其心得尤候也、仍如件、

（元亀四年）
三月六日　　　信玄（花押影）

秋山伯耆守とのへ

こうした成果は勝頼に継承されていくが、長篠敗戦後に同城は織田信忠に攻略され、東美濃からの撤退を余儀なくされる。

四　両属関係の背景

従来、戦国期での分国の境目に関しては、政治史からの視点と民衆生活史からの両面から、地域の領域性と共に両属性が認められ、その妥協策として「半手」状況が生じていたといい、半手の両属性が強調されている。

武田氏領の場合、その初期段階に最大の国衆として自立した独自の領主政制を実現していた河内領主穴山氏と、同じく都留郡主としての小山田氏があり、ともにその初期段階には隣接する今川氏や北条氏との外交関係が強く、その背景をもって武田氏に対抗した経緯もあるが、最終的には武田信虎期に制圧され、支城領的支配を容認されて従属し、親族衆や家老衆となっている。とりわけ小山田氏の場合、北条氏との一時的な両属関係を示す「半手」状況の文書を残しているが(北条氏所領役帳)、これは大名間での政治的な分割協定によったものではなく、地域住民の主体的な選択による両属関係であったとされている。

分国境目では防衛上の城と関所が設置され、周辺地域から徴用された地域地侍集団(衆)が役務として在番を勤めており、他国領との交流関係を制御していた。とりわけ分国境目で前代から自立した独自の領域支配を実現していた国衆や地侍の多くは、武田氏との軍事的な緊張関係のもとで従属化の途を選択しており、その地域での防衛を担う先方衆と位置づけられ、その多くは外様国衆として家臣団編成に組み込まれている。

信玄晩年の家臣団構成を示した「信玄代惣人数」(『甲陽軍鑑』)では、譜代家老衆についで信濃先方衆六二人、西上野衆一四人、駿河衆九人、遠州・三河衆四人、飛騨衆一人、越中衆二人、武蔵衆二人をあげており、他にこれに洩れている氏族もあり、これらはすべて武田氏の分国拡大戦略の経過の中で、制圧されて帰属した地域的領主層である。

ついで武田氏領での「半手」所務の実態であるが、「半手商売」の事例が紹介されたことから、境界域での権力に対する両属地域のあったことが確認されており、半手領域が流通上の要地として、軍事的な境界となっていた場合での、双方の「平和領域」、「中立の場」として機能していたことが指摘されている。しかもこうした半手領域が大名間での協定によって成立していたものではなく、地域住民の主体的な総意によって実現したものとの指摘も重要な視点である。

以下、こうした両属関係が生じた背景となる分国境目地域での国衆や地侍と武田氏との関係を、各地域での具体例で検証しておきたい。

まず信越境目での北信における動向であるが、上杉氏と対立する経過の中で、国衆らの対応にかなりの相異がみられる。高梨氏のように当初からその帰属を鮮明にさせている場合と、市河氏のように途中から武田氏に帰属した場合、さらには須田氏のように一族の分裂によって両陣営に分かれた場合などがあるが、これらの場合は両属関係とはいえない。しかし、北信においては市河氏のように武田氏の調略を受けて新たに帰属した氏族が多く、その後の動向をみても両属関係を示すような事例はみあたらない。

ついで上越境目では厩橋の北条高広父子のように、上杉・北条・武田氏へとその去就が変転している氏族もあるが、その従属時期は異なっており、この場合も両属関係は認められない。とりわけ沼田城の攻略を機として武田氏に帰属した小川氏を初めとする多くの国衆・地侍衆に対しては、本領安堵や新知宛行によって先方衆としての掌握が進められている。

さらに信玄晩年での二度にわたる遠江・三河進攻による国衆・地侍の帰属についても、犬居城の天野氏との接触が天文末年から確認されるものの、いずれも外交交渉を内容としたものであって、帰属を前提とした関係を示すものは、元亀二年六月の武田氏の犬居城入りからであり、それ以前に天野氏は今川・徳川氏に従属していた時期もあったが、武田氏帰属後にはその関係を断ち切っており、ここでも両属関係は確認できない。

ところで、両属関係という政治状況にはどういった背景があったのかが問題である。まず国衆や地侍が地域領主として自立した地域支配を実現させていることが必要であり、その上で対立する両陣営間での同盟関係も成立していることが条件となる。そうした状況のもとで双方に対する外交交渉を進め、自らの領主権を認めさせ、領域支配の安定的な継続を計ったものである。従って両陣営との間に主従関係はなく、ゆるやかな攻守同盟があったにすぎないと思われる状況までも含めて両属関係といえないこともないが、この点に関しては次の元亀三年十一月に、上洛戦略の一環として、本隊とは別に秋山虎繁ら下伊那衆らの別動隊によって美濃・岩村城を攻略し、遠山氏を帰属させた経過をみれば明らかとなる。

遠山氏との関係も天文末年頃から始まっていたが、元亀三年以前のものはいずれも攻守同盟による軍事的な提携関係によるものであり、従属関係によるものではなく、遠山氏はこの時期までには自立性を維持しながら、斎藤・織田・武田氏との協調関係を維持しており、両属関係を示す時期はなかったといえる。しかし永禄十年九月の信長による稲葉山城の攻落によって、織田氏との関係を強めていくが、これ以前に甲濃同盟が成立していたことによって、これまでの武田氏との関係も維持されており、これによって両属関係状況が出現している。ところが元亀三年に苗木・岩村城当主の相継ぐ病死によって、織田・武田氏の接収対象となり、岩村城は同年十一月に武田氏の別動隊であった秋山虎繁が攻略しており、この時点で初めて遠山氏の武田氏帰属が確定している。
両属関係の実態をどの状況までと判断するかによってその認識は異なってくるが、前述したようにその前提には、国衆・地侍側での自立した領域支配状況が必須であり、併せて両属を余儀なくされる両陣営間での同盟が成立していることも条件となってくる。この点は「半手」地域の場合にも適用される条件と思われる。

注

（1）『日本の社会史　第二巻　境界領域と交通』（岩波書店、一九八七年）収録の諸論考で、中世での境界域の諸相について言及されている。
（2）池享「戦国大名領国における「国」について」（『武田氏研究』三二号、二〇〇五年）。
（3）稲葉継陽「境目の歴史的性格と大名権力」（藤木久志ほか編『定本北条氏康』高志書院、二〇〇四年）。
（4）大貫茂紀『戦国期境目の研究』（高志書院、二〇一八年）「序章　本書の課題と視角」を参照。
（5）平山優『穴山武田氏』（戎光祥出版、二〇一一年）。
（6）丸島和洋『郡内小山田氏』（戎光祥出版、二〇一三年）。
（7）佐脇栄智編『戦国遺文』後北条氏編別巻（東京堂出版、一九九八年）。以下、『役帳』と略記する。
（8）村田精悦「戦国期における軍事的「境目」の考察―相模津久井『敵知行半所務』について―」（『戦国史研究』六二号、二〇一一年）。
（9）黒田基樹「津久井内藤氏の考察」（『戦国大名領国の支配構造』岩田書院、一九九七年）。
（10）斎藤慎一①「境界認識の変化―戦国期国境の維持と管理―」（『信濃』四六巻一一号、一九九四年）、②「武田信玄の境界認識」(『定本武田信玄』高志書院、二〇〇二年。後に『中世東国の道と城館』東京大学出版会、二〇一〇年に再録)。
(11) 畑大介「戦国期における国境の一様相」(佐藤八郎頌寿記念論文集刊行会編『戦国大名武田氏』名著出版、一九九一年)。
(12) 柴裕之「武田氏の領国構造と先方衆」(平山優ほか編『戦国大名武田氏の権力と支配』岩田書院、二〇〇八年)。
(13) 秋山伸隆「戦国期における半納について」(『芸備地方史研究』一二五・一二六合併号、一九八〇年。後に『戦国大名論集6、中国大名の研究』吉川弘文館、一九八四年に再録)。
(14) 笹本正治「戦国大名武田氏の市・町政策」(『武田氏研究』九号、一九九二年)。
(15) 井上哲郎「戦国期における『半国』について—西上州を中心として—」(『立教日本史論集』三号、一九八〇年)。
(16) 『長楽寺永禄日記』(「史料纂集」一三五輯、続群書類従完成会、二〇〇三年)。
(17) 峰岸純夫「東国戦国期の軍事的境界領域における「半手」について」(『中央史学』一六号、一九九五年。後に『中世災害・戦乱の社会史』吉川弘文館、二〇〇一年に再録)。
(18) 穴山信君条目写(松木家文書「判物証文写・今川二」)。「武田遺文」三九一七号。
(19) 成瀬文書(『静岡県史料』第五輯一七六頁「遠州古文書」、角川書店、一九六六年復刻版)。
(20) 黒田基樹「戦国期「半手」村々の実態」(『山梨県史研究』一四号、二〇〇六年。後に『戦国期領域権力と地域社会』岩田書院、二〇〇九年に再録)。
(21) 飯塚家文書(「武田遺文」三八六〇号)。
(22) 湯本軍一「辺境地領主制の一特質—信濃国市河氏について—」(『信濃』二六巻九号、一九七四年)。西川広平「戦国大名武田氏と市河氏」(『信濃』六〇巻一〇号、二〇〇八年)、「山梨県立博物館所蔵『市河家文書』について」(『山梨県立博物館研究紀要』四集、二〇一〇年)。
(23) 村石正行「一六世紀後半高井郡における地域間交流—上州境を中心に—」(『信濃』六九巻一二号、二〇一七年)。
(24) 井原今朝男『高井地方の中世史』(須坂市立博物館、二〇一一年)。花岡康隆「室町~戦国期の須田氏について」(『信濃』六九巻一二号、二〇一七年)。
(25) 栗原修「厩橋北条氏に関する一考察—その系譜関係を中心に—」(駒沢大学『史学論集』二四号、一九九四年。後に『戦国期上杉・武田氏の上野支配』岩田書院、二〇一〇年に再録)。
(26) 柴辻①「戦国期真田氏の基礎的考察」(『古文書研究』三九号、一九九四年。後に『戦国期武田氏領の展開』岩田書院、二〇〇一年に再録)。
(27) 栗原修「武田氏の沼田地域経略と小川可遊斎」(『戦国史研究』四三号、二〇〇二年。後に『戦国期上杉・武田氏の上野支配』岩田書院、二〇一〇年に再録)。
(28) 大貫茂紀「戦国期境目地域における在地領主の動向—上野国沼田地域と小川可遊斎を中心として—」(『中央史学』三三号、二〇一〇年。後に『戦国期境目の研究』高志書院、二〇一八年に再録)。
(29) 赤見初夫「戦国期上野沼田氏系赤見氏の基礎的考察」(『群馬文化』三四〇号、二〇二〇年)。
(30) 柴辻②「戦国期武田氏の遠江支配」(『日本歴史』七七七号、二〇一三年。後に『戦国期武田氏領の地域支配』岩田書院、二〇一三年に再録)、③「武田信玄の東美濃侵攻と快川国師」(『武田氏研究』四六号、二〇一二年。同上書に再録)、④「元亀・天正初年間の武田・織田氏関係について」(『織豊期研究』一三号、二〇一一年。同上書に再録)。
(31) 小沢舜次『犬居城主　天野氏と戦国史』(犬居顕彰会、一九八〇年)。
(32) 秋本太二「犬居天野氏について」(『地方史静岡』創刊号、一九七一年。後に鈴木将典編『遠江天野氏・奥山氏』岩田書院、二〇一二年に再録)。

(33) 加藤哲「遠江の国人領主奥山氏について」(『歴史手帖』五巻一〇号、一九七七年。後に鈴木将典編『遠江天野氏・奥山氏』岩田書院、二〇一二年に再録)。

(34) 柴裕之「戦国大名武田氏の奥三河経略と奥平氏」(『武田氏研究』三五号、二〇〇六年)。

(35) 黒田基樹「遠江高天神小笠原信興の考察」(『武田氏研究』二一号、一九九九年。後に『戦国期東国の大名と国衆』岩田書院、一九九九年に再録)。小笠原春香「武田氏の戦争と境目国衆─高天神城小笠原氏を中心に─」(『戦国大名武田氏と地域社会』岩田書院、二〇一四年)。

(36) 柴辻⑤「武田信玄の上洛路は青崩峠越えか駿河路か」(『日本歴史』八七一号、二〇二〇年)。

(37) 横山住雄「中世末の苗木城と苗木氏の動向」(『美文会報』二七〇〜二七五号、一九九一年)、『武田信玄と快川和尚』(戎光祥出版、二〇一一年)。

(38) 小笠原春香「武田氏の東美濃攻略と遠山氏」(柴辻俊六編『戦国大名武田氏の役と家臣』岩田書院、二〇一一年)。

(信濃史学会編『信濃』七三巻八号、二〇二一年)

付　思い出すがままに

―武田氏研究と私―

一　幼少年時代（中学校卒業まで）

筆者は一九四一年（昭和一六）九月十日に、山梨県中巨摩郡竜王村本竜王一九六七番地で出生した。父は斎藤与六で、母は七重である。女四人男三人の七人兄弟の六番目に生まれている。生家は半農半業であり、本来は自作農であったが、戦後になって父が土木業をはじめることとなり、田四反畠七反ほどの農地の耕作は母が一人で担当することとなった。そのため子供らは成長するに従って農作業を手伝わざるをえなくなっていた。

図版１　修学旅行の藤沢駅ホームで

私の出生時の記録や写真はなく詳細は不明であるが、ごく普通の出産であったようである。幼時には体重が多く、「デブ」と揶揄されることが多かった。頭毛に「つむじ（旋毛）」が三つあるのが珍しいと言われたことがよくあった。母は農作業に忙しかったため、幼少期は、代わりに世話をしてくれた隠居家の祖母の所にいることが多く、いわゆるおばあちゃん子であった。

一九四八年四月に竜王村立竜王小学校に入学した。その際の記念の集合写真は残っていないが、六年後の卒業式の記念写真は残っている。小学校での各学年の通知表も残っており、成績は五段階での中位の評価のものが多くなっている。ただし六ケ年を通じて欠席が三日以内という精勤賞をいただいていたことは、きわめて健康優良児であったことの証明である。

ところがこの元気が有り余って、近所ではガキ大将となって、弱い者いじめや女性徒への干渉などに走り、母親はその後始末のために詫びにまわっていた。小学校時代は勉強をあまりしなかった。農業の手伝いはかなりしたし、手早く仕事を片付けた。

小学校での最後は鎌倉・江の島での一泊の修学旅行であった(図版1)。初めての史跡見学で鎌倉幕府源氏三代将軍の生涯の違いに関心がわいた。

中学校に進級した頃から勉学に少し興味がわいてきて、二階の屋根裏部屋の空室を個室にして勉強するようになった。ガキ大将としての活動も自粛するようになり、成績も各科目共に上昇した。とりわけ社会と国語が得意科目となったが、英語と数学は苦手科目として最後まで残った。

中学時代で特筆できることは、農業作業の手助けをするために、子牛を飼いはじめたことである。これは母親が現金収入の方策として、年に何回かの養蚕を行っていたことに関連して、その餌となる桑畑が赤坂台地上にあり、急坂の登り降りが重労働になっていたので、それを緩和するために始めたことである。牛の世話も結構大変であったが、牛に鋤を引かせて田圃の整地などもできて、かなり重宝した。

図版２　法隆寺夢殿前で

図版３　高校受験時

中学三年春の修学旅行は、二泊三日であった。本格的な日本の文化史跡の残る古都奈良・京都の史跡めぐりであった。歴史の残る古都を巡見し、日本歴史に大変興味をもったことを記憶している(図版2)。

とりわけ法隆寺の伽藍変遷には関心があり、大学生になってからも法隆寺が主催する法隆寺夏季大学に二年ほど参加した。

中学三年秋になると高校受験を意識するようになり、にわかな受験勉強をはじめたように思う(図版3)。英語と数学は相変わらず不得意で敬遠していた一方で、日本史と国語古典にとくに関心が高く、そればかりに時間を費やしていた。志望校は県立甲府第一高校と定めて、他には出願しなかった。幸い合格し、初めて竜王から出て、甲府の町並みでの生活が始まることとなった。

二　高校生時代

甲府一校は旧制の甲府中学の後身であり、男子校であった。入学した時には一〇クラスのうち二クラスのみに共学のクラスがあったが、三年間を通じて男子クラスのみであった。入学当初の成績はクラスでも最下位に近いものであって、改めて都市部中学の学力の高さを再認識した。クラブ活動は軟式テニスを選択した。これは実家の隣家の輿石家の庭にテニスコートが一面あり、それを近所の子供に開放していたことから、小学校高学年の頃からかなり打ちこんでいたことによる。

甲府一高には秋に伝統として継続していた全校生徒参加の強歩大会があり、甲州街道を長野方面に向かって二四時間以内に行けるところまで歩く行事があった。一年生の時は上諏訪までの七八キロを歩き、二年生時には松本までの一二〇キロを歩き終えた。

高校時代になると、父親が事業を拡大し、南巨摩郡早川町の公共事業を請け負うこととなり、西山温泉の近くに拠点となる宿舎を設置し、作業員を宿泊させて道路工事などを請け負っていた。山の中の涼しい所で温泉も近いところから、春・夏・冬の休暇には、父の仕事を手伝いながら滞在することが続いた。同級生などの友人も誘って、西山温泉で遊覧したことも何度かあった(図版4)。

高校二年になっても成績が向上しなかったので、当時スパルタ教育で評判となっていた韮崎の「渡邊塾」に入ることとした。叔母の家が韮崎にあったので、そこに一年間下宿生活をさせてもらった。初めて家を離れての生活であったので、少し体調を崩したりした。主に英語と数学の補習が中心の塾であったが、思うように成果が上がらず、一年間でやめた。この頃になると大学受験を意識するようになり、数学が極端に悪かったので、国立大学は断念して私立大学で選択することとなった。社会科と国語は平均以上の高得点であったので、早稲田大学の文科系学部にしぼって、文学部と教育学部を受験することとした。

図版4　西山温泉で

図版5　母と鎌倉の円覚寺で

高校生活の最後に伊勢・志摩・奈良・京都の二泊三日の修学旅行があった。伊勢神宮は初めてであったが、奈良・京都は二度目であったために、いくつかの史跡にしぼって重点的に見学したように思う。高校を卒業する前に、母を鎌倉に案内したこともあり、初めてのことであった(図版5)。

受験勉強はかなり集中してやったように思う。しかし文学部は不合格となり、かろうじて教育学部に合格することができた。

これはひとえに日本史の成績がよかったことによるものであり、事前に旺文社が主催した全国規模の模擬試験で常に上位三位以内を保持していたことによるものであった。

図版６　熊谷市の光恩寺にて

三　大学学部生時代

東京での新生活は、大学の学生生活部が紹介してくれた保谷市上保谷の地主であった秋本家のアパートに決めた。三畳一間で賄いつきであった。大学へは西武新宿線の柳沢駅から三〇分程度の所であった。東伏見駅にも近く、後にこの近くに定住することになるとは思ってもみなかった。入学当初は、ちょうど日米安全保障条約の改定年度に当たっており、新学期早々から反対運動が始まって休講が続いていた。反対運動には無関心であり、その間には様々なアルバイトに精を出していた。

夏休み明けからぽつぽつ授業が再開されるようになり、一年生の成績も付いて何とか進級することができた。成績はすべて中の下評価であった。二年生の春頃に学部内にあった日本史攷究会に入会し、さっそく千葉の館山寮での合宿に参加した。先輩の大学院生よりいきなり近世文書の写真版コピーを渡されて、その解読を命じられた。はじめてナマの歴史にふれた気分となり、その後に古文書に関心をいだく端緒になった。

日本史攷究会では、時々地方での調査会に顧問の熊谷孝次郎先生も出席されて、寺社境内にあった石碑類の拓本の取り方を指導していただいた。これはその後に年中行事となり、とりわけ熊谷教授が専門としていた全国の中世以前の梵鐘銘の拓行にも同行させていただくことも多くなった。これらの結果は、熊谷教授の没後に会津八一記念博物館に寄贈され、二〇〇点余の拓本集目録としてまとめられている。

学部の三年生の頃に下宿先を川崎市に移し、先に姉二人が借りていたアパートに同居させてもらった。川崎には叔母の一人が嫁いでおり、近くであったので頻繁に尋ねて色々とご馳走になった。その叔母の発案で近所の小学生を集めて学習塾を始めた(図版7)。二年ほど続けたように思う。その後、姉達のアパートを出て、その近くにあった新井家の長男の高校受験を支援するよう依頼され、家庭教師として同家に下宿することになった。一年ほどお世話になった後、学部卒業を期に東京都内に戻り、大学院に進学することにした。卒業論文は郷里竜王の治水と開発をテーマとして「村落形成と水利灌漑」と題して水利問題を取り上げたが、時間切れで未完成に終わってしまった。

図版７　川崎の学習塾にて

学部四年生の中頃に、甲府市の斎藤典男氏の紹介で山梨郷土研究会に入会した。この会に出席しているうちに各地域の郷土史家と知り合いになり、その後の県内調査では多くの便宜を受けた。とりわけこの会で佐藤八郎氏の知己を得て、その後の調査についての多くの示唆を受けている。この会が主催した毎夏の夏草道中講座にも参加することが多くなり、県内の辺境地域の泊まりがけでの調査活動は、その後の県内調査の際に大いに役立った。

四　大学院修士時代

卒業論文は不十分なものとなり、しかも予定通りのものが出来なかったために欲求不満が募り、その結果、大学院に進学して勉強を続けることを決断した。卒業時に就職活動を一切していなかったこともあり、学部時代の学業成績も思わしいものではなかったためその決断は早かった。学部時代の授業では書誌学の森銑三講師の講義に興味があり、二年ほど続けて受講した。熊谷教授の史料研究では、毎回、各種の中世文書の写真コピーを渡されて、その解読を求められたのが役に立った。

大学院では中世史として荘園史研究の西岡虎之助教授のゼミと、日本古文書学の荻野三七彦教授のゼミがあった。先輩の多くが進学していた西岡ゼミに誘われたが、進学の際に戦国大名としての甲斐武田氏の研究を決意していたため、荻野ゼミに入ることとした。

下宿先も都内の豊島区東長崎の民間の四畳み半のアパートに移り、自炊生活をすることとした。実家から米や野菜を送ってもらって何とか自活する態勢を整えた。幸いに先輩が都内の私立女子高校の非常勤講師の口を紹介してくださり、週三日ほど出講した。杉並区堀之内にある日蓮宗妙法寺の経営する女子校であり、初めて教壇に立つことになったが、大変よい経験となり、経済的にも自立できる見通しがついてきた(図版8)。

大学院での授業は荻野教授の古文書学演習を中心に、加藤諄教授の金石文講座など欲深く多くの講義に出席した。荻野教授の演習は、毎回教授が収集した古代・中世文書の原本が一通ずつ受講生に与えられ、その解読と内容の解説が求められた。これによって原物文書の雰囲気を読み取ることができ、後に外部の古文書調査をする際に大変役だった。伊地知鐵男教授の文献学では、変体仮名の古写本の一丁分の写真版コピーを渡され、その解読をして写本の特定をし、さらにその書誌的な説明が求められた。クイズのような授業となり大変興味がわいた。

荻野研究室では毎年夏休みに地方の文書調査の合宿旅行が慣例になっており、修士一年度は東北地方の日本海側の諸県の古文書の調査をおこなった。山形県米沢市から始めて上杉氏関係の史跡を見学した後、上杉家邸で上杉家文書の原本を拝観した（図版10）。江戸時代に整理されたままの状態で赤箪笥に分納されており、個々の文書は当初の原型を維持したままの状態で保存されていた。

次いで山形大学文理学部を訪問したが、藩政文書などが中心で中世文書はほとんどなかったと思う。さらに酒田市

図版 8　東京立正女子高校で

図版 9　鎌倉の常盤山文庫参観

図版 10　米沢駅前で

図版 11　西国寺三重塔の前で

へ移動し、本間美術館で信濃の市河家文書を拝観した。これは北信濃の著名な氏族で戦国期には武田氏との関係が強かった市河氏の関係文書であり、その一部は北海道釧路市に分散して所蔵されているものである。その後、光丘文庫も見学した。さらに足を延ばして弘前市まで行き、弘前城と長勝寺などを見学した。

修士二年時には有志のみで諏訪地方の一泊合宿をして、上社と下社の見学をしたが、この時には三輪宮司のご案内で社殿などの見学をしたのみで古文書等の拝観はしていない。十月には恒例の研修旅行を山陽地域で実施し、まず岡山大学の池田家文庫を拝見し、藩政文書の一部を拝見した。そして倉敷市内を見学した後、尾道に入り西国寺文書と浄土寺文書を参観した(図版11)。その後、広島に移り広島大学収集の各種の古文書も参観した。猪熊文書など収集文書が多かった。分量が多く丁寧にみられなかったことが悔やまれる。さらに山口市に至り、県立文書館で毛利氏関係の文書が多く集められている「萩藩閥閲録」の一部を拝観した。その後に市内の史跡見学をして一週間におよぶ長期研修を終了した。

修士課程の三年間には、空いていた曜日には東京大学史料編纂所に通い、山梨県分の影写本から武田氏関係の文書を拾い出して筆耕することをした。夏休みなどの長期休暇には実家に戻り、県内所蔵の武田氏文書の原本調査をし、写真撮影を実施した。最初は電車や自転車で廻れる所から始めたが、能率が悪かったため、後半には五〇ccのバイク免許を取り、かなり遠くまで調査できるようになった。これらの調査は武田氏研究を志したための基礎的史料の収集を目的としたものであったが、調査が進行して多くの文書が集まってくると、「甲州古文書集」のような内容と分量になってきた。

ちょうどこの時期に國學院大學の友人で、当時角川書店編集部にいた高橋伸幸氏から、「新編甲州古文書」として刊行したいとの要請があった。そのためには文部省の研究成果刊行助成金に応募する必要があるといわれ、指導教授の荻野三七彦先生の名をお借りして、共編という形で申請をした。結果は採用となり、あわてて第一巻分の原稿のとりまとめをおこなった。

この作業では、偶々実家の近くに隠居しておられた赤岡重樹氏の教えを乞うことが多かった。氏は独自に「甲斐史料集成」を計画されており、そのために多くの文書を筆写しておられた。それらも拝借し、徐々に「新編甲州古文書」の刊行準備を進めていった。

図版 12　『新編甲州古文書』

とにかく何とか一九六六年度中に第一巻を刊行することができた。以後一年ごとに残りの二冊をまとめて三冊本として完了させた（図版12）。この間、荻野教授は極端な多忙期であり、ほとんどこれらの作業には関与されていない。ただ一度だけ第二巻の原稿を作成する際に、山梨県南部町の文書調査にご同行いただいて三ケ所ほどの所蔵文書を実見していただいた。

一九六六年十一月には荻野教授を中心に日本古文書学会の創設が協議され、その発起人総会を早稲田大学で実施した（図版13）。その準備には荻野研究室生があたり、翌年からの古文書学会学術大会の開催も早稲田で引き受けることとなり、その設営などを院生が分担した。三回目の学術大会は、京都府立総合資料館（現在の京都府立京都学・歴彩館）でおこない、以後は各大学などでの持ち回り開催と

図版13　日本古文書学会発会式

図版14　日本史攷究会で三峰神社へ

なって、現在に及んでいる。この学会には設立当初から現在まで、色々な形で関与し続けており、荻野教授没後には中心となって学術大会を引き受けたこともある。

一九六七年三月、修士課程を修了し、修士論文として「戦国大名の諸役体制―甲斐武田氏領国の在地構造の検討―」を提出した。副査を北島正元講師が務められ、多くの注文が付記されて戻され、その後の研究の指標となった。武田氏の発給文書から年貢以外の諸役に関するものを抽出し、その内容と背景を問題にしたものであって、その後の研究の中心的なテーマとして、関連論文をいくつか発表している。

五　大学院博士課程時代

修士課程修了と共に、一九六七年四月より続けて博士課程に進学することとした。ただしその進学が決定した直後に、指導教授の荻野先生の母校である文京区白山にあった男子校の京北高校で専任教諭になるよう要請があり、博士課程との両立を条件にして承諾した。京北では週一日研究日を設定していただき、大学院との両立が実現した。これを期に東長崎の下宿先も引き払い、長女のみゆき姉が嫁いでいた練馬区北大泉の近藤家にて離れの一戸建の空き屋に住めることとなり、急に広い家となった(図版15)。そこで軽自動車を購入し、それで京北高校まで通勤することとした。

京北高校では二〇時間近くの授業を持ち、一年生のクラス担任となり、クラブ活動も軟式テニス部の顧問にもなり、本格的な教員生活が始まった。しかし研究日には大学院に通い、荻野ゼミにのみに参加して後輩達の研究活動の結果を拝聴した。恒例の研究旅行も夏休みに実施することが多かったため、ほとんど出席していた。

京北高校では伝統的な行事として、秋に全校生徒参加の筑波山まで二四時間かけての一〇〇キロ競歩があり、これは二年間とも完歩した。三年目には、これも恒例となっていた専任教員のみの参加による東京から伊勢神宮までの八〇〇キロ自転車旅行があり、これにも参加してなんとか無事故で終えることができた。これは旧東海道を中心に、一日一〇〇キロずつで伊勢神宮までを八日間かけて走行し、その途中での著名な史跡を見学しながら、最後は京都の三条大橋までを走行した行事である。

図版 15　姉宅で

この行事の中での印象的なことは、全行程が終了した後、全参加員が京北高校ＯＢの黒川氏の招待で、京都の祇園の茶屋で一泊することとなり、鴨川に面した床舞台で、舞妓・芸姑付きで食事をご馳走になった後、さらに希望者はタクシーで比叡山まで上がり、京都の夜景を楽しんだことである。これにも参加したことで茶屋気分を味わうことができた。

京北高校では毎年度末に忘年会と称して、鬼怒川温泉ホテルで慰労会が実施されており、これにも三年間参加した。先輩教員には早稲田大学出身者が

図版16　京北高校三年生と共に

図版17　テニス部が都内準優勝

図版18　結婚披露宴で

多く、すぐにうち解けてその後に多くの酒席を共にするようになった。これが悪習となり飲む機会が多くなった。クラブ活動の軟式テニス部にも入れ込んで、他校との練習試合を多く設定し、三年目には団体戦で東京都二位にまで勝ち進むことができた(図版17)。

これらの結果、自分の武田氏研究は一向に進展せず、不本意な博士課程に終始してしまった。しかし京北高校での進学指導や、クラブ活動の補助のほか、就職活動の手助けをしたことはよい経験となっている。

京北高校の同僚に国語科の風間益人氏がおり、彼の紹介で柴辻槙子と見合いをすることになった。槙子は現住所である関町に住んでおり、両親ともに秋田県の出身の正とセツの長女として一九四三年十一月に生誕している。終戦直後に銀行員であった父の転勤に伴い東京へ移り、一時期文京区内に住んだ後、現在の関町北三丁目で宅地を購入していた。

槙子とは約半年間お付き合いをした後、一九六九年十二月に結婚した。柴辻家の養子となることを実母七重が承認してくれたので、改名して柴辻を称することとなった。仲人は熊谷教授夫妻にお願いし、披露宴には六〇人ほどの関係者に出席をいただき、東中野の日本閣で実施した（図版18）。新婚旅行は箱根・伊豆方面へ三泊四日でドライブもした。

当初は西武柳沢のアパートに住むこととし、一年を経た後に柴辻家に同居することになった。最初は空いていた部屋での窮屈な生活であった。結婚の翌年に長男哲也が誕生し、翌年には長女理子も生誕し、先住者から購入した和洋折衷住宅では手狭となったので、その旧宅を取り壊して、新築の自宅を建設することとした（図版19）。

図版19　新築した玄関

書斎も大きく取り書架も廊下などに新設した。二階には二人の個別の子供部屋も用意して万全なものとした。

六　図書館古文書室時代

一九六九年十一月、杉山博氏の提案により後北条氏研究会が発足した。後輩の下山治久氏が事務局を務め、萩原龍夫氏・藤木久志氏・小笠原長和氏らが参画した。若手では荻野研究室に入ってきた小和田哲男氏とともに筆者も参加した。翌年から月例の研究会が実施され、毎回研究発表と懇親会がおこなわれた。はじめは後北条氏に関する新史料などの紹介が多かったが、順次にその周辺の大名領の研究発表に発展していき、会名も東国戦国史研究会と改められた（現在の戦国史研究会）。事務局も小和田哲男氏、佐藤博信氏と変わり、例会も早稲田大学内で行うことが多くなり、その会場確保や懇親会場の設定等をお手伝いした。その後、会場が新宿区中央図書館内に移り、懇親会も高田馬場駅周辺でおこなうことが多くなった。その後は駒澤大学をはじめとする各大学で分担するようになり、戦国史研究会と改名した後には駒澤大学での実施が定着した。

図版20　東京都中世文書調査会

博士課程が修了する時期に、早稲田大学図書館より転職の依頼を受けていたため、一九七〇年四月より同館に移ることとなり、京北高校には急な転職で迷惑をかけることになった。図書館での業務は、堆積していた校友から寄贈された未整理の近世・近代文書の整理であり、最初は一人でそれに取り組むこととなった。初年度には図書館内の特別資料室に机を一つ運び込んで、そこで業務を開始した。最初は過去での調査状況の確認と、未整理として残っている古文書類の種類と分量の把握であって、最大の課題は返却を迫られていた出雲の大地主「山本家文書」約九万点の整理目録化であった。

二年度目にはそれらの未整理文書とともに学内別棟の教室跡に移転し、そこを古文書室とした。常時アルバイトの学生を助手として本格的な整理作業を開始し、最初は小口の二〇〇〇点前後のものから始め、それらが一〇種類近くにおよぶごとに、「早稲田大学所蔵古文書目録」として作成していった。単調な作業の連続であり、少し倦怠気味となってきたので、この頃から新宿区文化財調査委員や、古文書学会の運営委員、地方史研究協議会の常任委員などを引き受けて、学外での活動をするようになった。必然的に外部での飲み会が多くなり、二次会と称して行きつけの高田馬場のスナックでの飲み会も多くなった。

一九七〇年頃、実父与六が早川町での事業をやめて竜王の家に戻り、事業から引退して長男の一夫兄がその跡を継承した。斎藤興業株式会社と改名し、竜王町の公共事業の受注を中心に事業を拡大させていった。少し離れた田圃の中に新たに家を建て、父母とは別居することとなった。この間、父母は旧居で久しぶりの生活を共にしている。

一九七五年四月には東京都教育委員会より都内に所在する中世以前の古文書の所在調査依頼をうけ、急遽各大学の大学院生に呼びかけて調査団を結成した。これは楽しい調査会となり、三年を要して目録と解題報告書を提出した。その最中の一九七六年七月、実母の七重が脳出血で急死し、大変悲しい思いをしたことが昨日のように思い出される。

一九八一年四月、練馬区内の有志が練馬古文書研究会を立ちあげ、区内の古文書の調査・研究を開始し顧問となった。その後、代表委員となり四十年余にわたって様々な報告書を作成した。常時三〇名前後の会員で、毎月古文書の輪読会を実施している。練馬区の行事にも参加して、区民祭では店を出して活動を宣伝した（図版21）。その後四十年以上、同会の運営を担当し、二〇一一年十一月には

図版21　練馬区民祭で

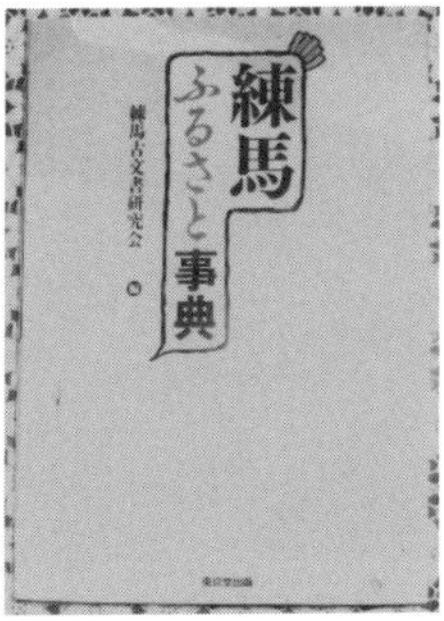

図版22　練馬ふるさと事典

会員を中心に一部の外部研究者の協力も得て、『練馬ふるさと事典』（東京堂出版）を刊行することができた（図版22）。

一九八三年十一月には第一論集の『戦国大名領の研究』（名著出版）で文学博士の学位を授与された（図版23）。図書館でも毎年館員の懇親を図るために、全会員参加の名目で一泊の旅行が実施されていた（図版24）。観光地の温泉などが多く、二日目は自由行動であったため、近くの史跡めぐりなどをした。ともかくこの時期には飲むことが多くなり、毎晩のようにスナックに入り浸り、カラオケに夢中になっていた。そのため出費も多くなり、その費用捻出のため、後出の著作目録での分担執筆の項目で明らかなように、山梨県内の町村史誌の中世から近世初期までの部分を請け負うこととなった。その他にも商業雑誌への投稿も多くなり、何とか飲み代を捻出することができた。

図版 23　学位授与式

図版 24　図書館旅行

図版 25　下伊那の昼神温泉で

この時期にはスナックで他の客と争うことも多くなり、時にはその不行儀さが図書館の管理職に通報されたこともあった。念願だった山本家文書の整理が終わったことへの気の弛みもあって、この時期の勤務状態は悪くなっていた。一九八五年五月には実父与六が病死し、盛大な葬儀が実施されている。旧家には弟俊文が入ることとなり、何とか空き家となることは防げた。図書館での勤務状態が悪かったということで、一九九〇年には学部図書室への出向となり、最初は附属高校の早稲田高等学院の図書室勤務となった。二年で図書館の閲覧課に戻り、その後は社会科学部図書室に異動した。

七　学部図書室出向時代

高等学院は練馬区上神石井にあり、自宅からは通いやすくなった。二年後には社会科学部図書室に異動となり、さらに教育学部図書室の勤務を経て、新図書館建設準備のために本館内総務課に設けられた新部署に異動となった。新中央図書館が安部球場跡地内に完成したのは一九九〇年七月であった。しかし新館に移ることはできずに、社会科学部図書室勤務を続けた。旧図書館の大閲覧室ほかは会津八一記念博物館として、書庫部分は高田早苗記念図書館として利用することになった。大学院生の利用を目的として各学部図書室で溢れ出していた図書をここに移すこととなり、おもに社会科学部と教育学部図書室の図書の移動を担当した。

五月、山梨県内で磯貝正義氏を中心に武田氏研究会が発足し、県外からも村上直・杉山博・小和田哲男氏らが参画した。翌年には機関誌として『武田氏研究』が発刊され、最近では六五号を刊行するまでになっている。当初は県内の会員も多かったが、順次に県外会員が中心となり、年に一度の大会・講演会と、随時の研究会を開催しており、こ

図版 26　英旅行でロンドン塔

図版 27　庭の整備

れによって若手の武田氏研究者を輩出している。この会には当初から参画して雑誌の編集や、大会での講演者の依頼などを行ってきた。

この時期には少し飲む回数も少なくなり、その代わりに教職員テニスクラブと囲碁会に入会して各種の大会に参加して腕を磨いた。とりわけ教職員囲碁クラブには熱心に参加して、アマチュア初段位まで上達し、各種の他流試合にも参加した。一九九二年六月には槙子と共に、初めて海外旅行に出かけ、八泊のツアーで英仏の代表的な史跡見学を満喫することができた(図版26)。外で飲む回数が少なくなってきた分、研究活動のほうに戻ることが多くなってきた。海外旅行はその後二度ほど出かけている。この頃には宅地周辺の庭木が大きくなってきたため、庭の整備作業を開始した。しかし、その後体調が思わしくなくなってからは、庭木の手入れが苦痛になっていった(図版27)。

一九九五年十一月には、それまで中断していた教育学部の日本史攷究会を、熊谷教授の後任である外園豊基氏の発案で復活させることとなり、その事務局を引き受けた。以後は順調に年一度の講演会と研究発表会を実施しており、若手の研究発表の場となっている。

一九九九年四月に初めて大学の教壇に立つこととなり、社会科学部で社会科教育法の講義を受け持った。同時に法政大学大学院でも中世史演習の講義を担当することとなり、翌年からは『戦国遺文』後北条氏編を輪読することとした。夏には現地での古文書調査合宿を計画し、五年ほど沼津での調査合宿をおこない、そのまとめとして『中世末駿東郡域の領主と在地社会』(自費出版)を編集して関係各所に送付した。沼津地域の調査は五年で終了し、六年度目からは足利地域の現地調査をすることとし、群馬県立歴史博物館の所蔵文書の調査を出発点として、新田庄関係の史料調査と由良・横瀬氏の関係文書の調査をした。しかし、この調査では受講生の中で関心を示すものが出てこず、三年の調査で何も成果を残すことなく終了した。

八　新中央図書館時代

一九九四年四月より新中央図書館四階の特別資料室に戻ることができた。古文書室時代にやり残した近世・近代文書の整理を再開し、社会科学研究所より移管されてきた山梨県甲西町東南湖の大地主であった「安藤家文書」約二万点余の文書をはじめ、「中御門家文書」の受け入れと一部冊子の裏打ち修補などを実施した。併せて図書館が長年にわたって収集してきた中世以前の古文書の調査も進め、その結果を『早稲田文庫の古文書解題』(岩田書院、一九九八年)と題してまとめた。

この著書では館蔵の全分野の蔵書の中から古文書に類する図書や資料を抽出し、その内容と収集経過などを解説している。これには館員の中西裕氏を煩わせて、初めて本格的な各種の索引を付けることができ、利用の便を図った。「早稲田文庫」とは、明治期以来の収集図書に押印した、蔵書印の印文であり、初代館長の市島春城氏が依頼して作

図版 28　図書館退職時①

図版 29　図書館退職時②

図版 30　古文書学会理事として田中穣氏旧蔵文書の参観を案内

成した数種の蔵書印があったことによる。

二〇〇一年十一月、満六十歳となったのを機として、三十二年余り勤務した図書館を選択定年制の適用を受けて退職することとした。盛大な送別会を催していただいて図書館を去った（図版28・29）。ただし教育学部での講師は続けていたので、週に一度は大学に通い、図書館にも立ち寄って一利用者として調査・研究に邁進した。

多少の退職金が入ったため、初めて古文書を購入してみることにした。東京古典会の入札に参加し、思いがけず足利尊氏の起請文を落札することができた（図版31）。これは名古屋の著名な収集家である関戸守彦氏が所蔵していた著名な文書であったが、古筆研究家の小松茂美氏が、これを模写本と判定したため、市場に放出したものであった。

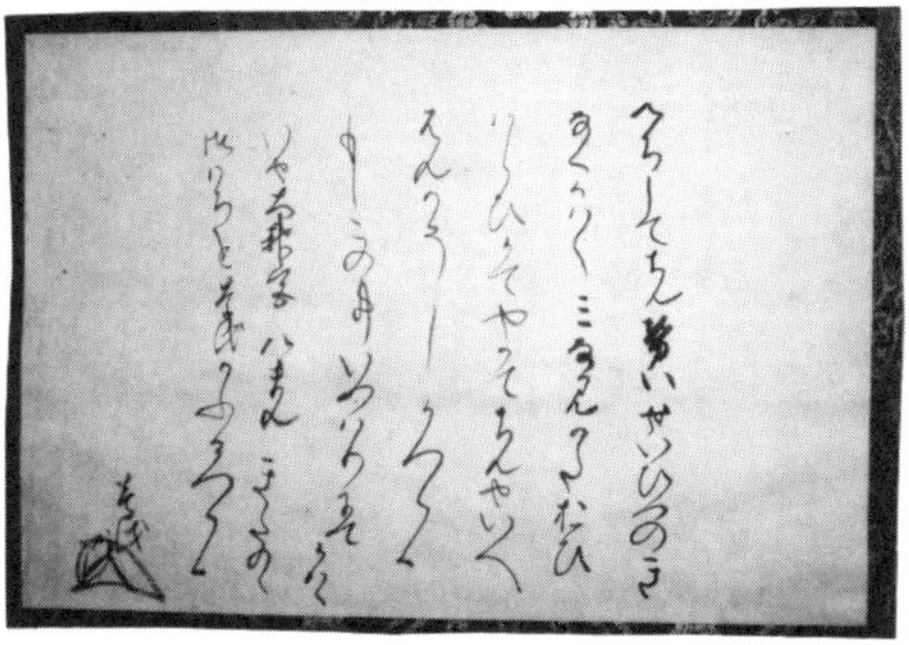

図版 31　収集文書第一号

図版 32　書斎

　購入後に少しその内容と背景を研究してみたが、大変に難しい状況のものであることが判明した。これを機として中世の原本文書の収集を始め、近世初頭のものを含めて、約十年を要して三〇〇点弱を購入した。その結果を研究者の分担により『史料集　柴屋舎文庫所蔵文書』（日本史史料研究会、二〇一一年）と、近世編（同、二〇一五年）の二冊にまとめて写真版と解説を付して刊行した。さらにこれらの活用と保存方法を考慮した結果、二〇一七年八月に一括して早稲田大学中央図書館に寄贈することとした。その返礼として大学より名誉賛助員の称号を頂戴した。

　この七年間の新中央図書館での勤務で、それまで気になっていた古文書類の再調査を終えることができた。二〇〇〇年十月からは、西武コミュニティカレッジで古文書講座を引き受けることとなり、社会人と勉強会による交流を経験することができた。

九　大学・大学院講師時代

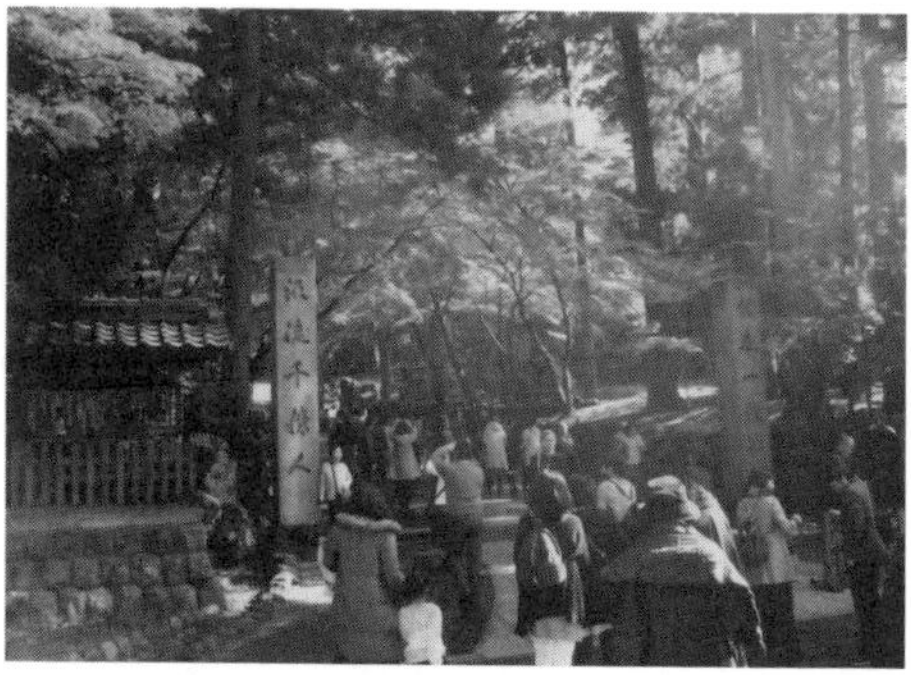

図版33　日大大学院生とともに参観

二〇〇二年四月から早稲田大学教育学部で講義を持つようになり、七十歳の定年まで社会科教育法や史料研究の講座を担当した。この年には年来の念願であった武田氏関係文書の刊行が始まり、『戦国遺文・武田氏編』第一巻を東京堂出版より発刊した。当初は高島緑雄氏との共編による刊行を予定し、二年ほど準備のための検討会を続けていたのであるが、高島氏が多忙となったために中断していたものである。

新たに黒田基樹氏に共編をお願いし、以後、年に二冊ずつ刊行し、第六巻には丸島和洋氏による詳細な人名索引を付けることができた。ちょうど同時進行していた『山梨県史』資料編古文書部の成果も反映させることができ、約四〇〇〇点を越える武田氏関係文書の総編年による文書集が完成した。

二〇〇六年四月より、日本大学文理学部の大学院に出講することになり、当初は『戦国遺文・武田氏編』を各自に分担させて輪読した。これが終わった後には奥野高廣氏編の『増訂　織田信長文書の研究』(吉川弘文館)を輪読することとし、これを好機として織田信長の研究も進めることになった。そのため以後の研修旅行は、尾張・美濃方面から開始し、信長の足跡にて滋賀・京都方面まで足を延ばして(図版33)、それらの結果を『織田政権の形成と地域支配』(戎光祥出版、二〇一六年)としてまとめた。

二〇〇七年四月より、NHKでの大河ドラマ『風林火山』の時代考証を引き受けることとなり、以後週一度の頻度でNHKに通勤し、風俗考証の二木謙一氏とともに脚本の修正を行った。この間、撮影現場も二、三度見学することもあったが、俳優との接触は皆無であった。翌年十月までこれを担当し、この間にドラマの進行に併せていくつかの偽文書も作成した。脚本家の大森寿美男氏がよく調べて新事実を追加している部分もあり、その検証過程で大いに勉強になった。

ちょうどこの時期に東京テレビでの長寿番組であった『なんでも鑑定団』で、武田信玄文書の放映があり、信玄のほか勝頼文書や徳川初期の文書が取り上げられ、いずれも写しとの判定でその価格は低廉なものとなっていた。これに大変不満を抱き、テレビ局に問い合わせて出演者の住所・氏名を教えてもらい、早速、所沢市内の所蔵者を訪問し、黒田基樹氏とともに、改めてこれらの文書の鑑定を行った。いずれも原本との確証を得たので、所蔵者に今後の予定などをうかがったところ、できたらどこかに売却したいとのことであったので、買い取る交渉を持ち掛けた。いずれも原本で五通ほどあったので、当時の流通相場に近い金額を提示してお願いしたところ、快諾を得て交渉がまとまった。この資金はひとえにN

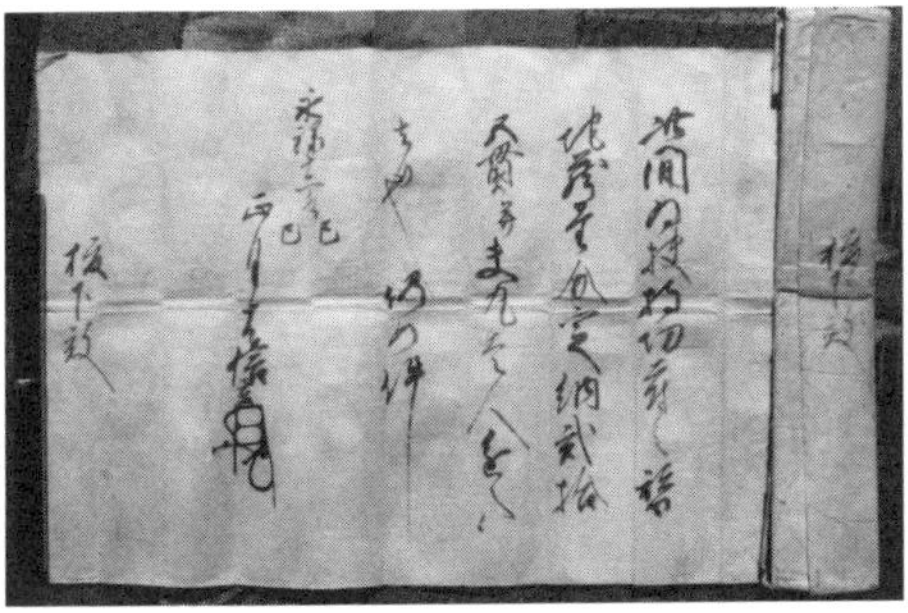

図版 34　武田信玄判物

図版 35　古稀祝賀会で

ＨＫ大河ドラマでの手当金で賄うことができ、中世文書五点のほかの近世期の関連文書一箱も併せて譲渡されることになった（図版34）。この文書は「榎下家」の中世以来の家伝文書であり、その全貌は後日、丸島和洋氏が『史料集・柴屋舎文庫所蔵文書』（日本史史料研究会）の中で、詳細な報告を行っている。

二〇一一年九月には満七十歳となり、その年度いっぱいで各大学の非常勤講師も定年退職することとなった。十一月には武田氏研究会の有志が発起人となって、古稀祝賀会を催してくださることになり、早稲田のガーデンハウスに百人余の同学者・後輩連が参集してくださり、盛大な祝賀会をしていただいた（図版35）。これが大きな区切りとなり、以後は完全に無職となり、初めての各地をめぐる旅行を楽しみとする生活となった。

一〇　自宅静養時代

古稀を期として大学関係の非常勤講師も定年となり、残った仕事は早稲田大学エクステンションセンターの講座と練馬古文書研究会の月例会のほかは、研究会活動として戦国史研究会、武田氏研究会に出席するくらいとなった。代わりに旅行が多くできるようになり、河内の富田林や秋田の角館など念願の地に赴くことができた。

ところが二〇一七年になって体調が悪くなったので検診をしたところ、心臓狭心症と診断され、手術入院することとなった。手術後十日で退院できたが、その後の検診で動脈瘤が大きくなっているとのことで、カテーテル手術をすることとなり再入院した。その後から歩行が思わしくなくなった。しかし旅行などは続けており、講演なども引き受けていた。

二〇一九年三月、自動車の運転免許証を返納した。約五十年近くの運転歴であったが、大事故を起こす前に運転はやめることとした。これによって経済的にも大変節約ができてきた。しかし一方で遠出が不自由となり、タクシーを利用することが多くなった。

同年九月、槙子とともに別府温泉に二泊した。別府には二十年ほど前に一人で旅行したことがあり、その時には大分市内の史跡と臼杵の磨崖仏を見学した後、翌日レンタカーで国東半島を一周した。その際には宇佐八幡宮まで行くことができなかったので、今回は別府の地獄湯めぐりをした後、中津に行き中津城と福沢諭吉の生家や記念館を見学した後、タクシーで宇佐八幡宮に向かいゆっくりと境内を散策した。

同年一二月には何とか金婚式を迎えることができ、家族から祝福をうけた(図版36)。この頃には槙子の支えなくしては生活できなくなっていた。

図版 36　金婚式を迎える

二〇二〇年八月には東京でオリンピックの開催が予定されていたが、新型コロナウイルスの感染が拡大しはじめ、一年延期となった。翌年にはコロナ感染のおさまらない中で実行された。この間、外出は一切自粛することとなり、歩行も不自由であったため、自宅で節制生活を余儀なくされていた。

柴辻俊六 詳細年譜(年齢は誕生日以降の満年齢)

昭和16年(1941) 0歳	9月	10日、山梨県中巨摩郡龍王村本竜王1967番地に生まれる。父斎藤与六、母七重。
昭和23年(1948)	4月	竜王村立竜王小学校入学。
昭和29年(1954)	3月	同上卒業。6か年精勤賞。
	4月	竜王村立竜王中学校入学。
昭和32年(1957)	3月	同上卒業。
16歳	4月	山梨県立甲府第一高等学校入学。
昭和35年(1960)	3月	同校卒業。
19歳	4月	早稲田大学教育学部社会科地歴課程入学。
昭和38年(1961)	10月	同学部内日本史攷究会に入会、古文書に接する。
昭和39年(1964) 23歳	3月	同学部卒業。卒業論文「村落形成と水利灌漑」を提出、審査は熊谷幸次郎教授。
	4月	早稲田大学大学院文学研究科史学専修修士課程入学。指導教授は荻野三七彦教授。戦国期研究に向かう。
	4月	私立東京立正女子高校非常勤講師(昭和42年3月まで)。
昭和42年(1967) 26歳	3月	早稲田大学大学院修士課程修了。修士論文「戦国大名の諸役体制 —甲斐武田氏領国の在地構造の検討—」。主査荻野三七彦教授、副査森克己教授・北島正元教授。
	4月	同大学院博士課程入学。
	4月	私立京北高校教諭(昭和45年3月まで)。
昭和44年(1969)	12月	13日、東京練馬区関町の柴辻槙子と結婚。改姓する。
昭和45年(1970)	3月	早稲田大学院博士課程修了。
29歳	4月	同大学図書館に就職、特別資料係員となる(平成13年11月まで。この間、6年間、学部出向)。
昭和49年(1974)	4月	東京都新宿区文化財調査委員嘱任(平成5年10月まで)。
33歳	5月	日本古文書学会運営委員、以後断続的に嘱任。
	10月	地方史研究協議会常任委員(昭和57年10月まで)。
昭和50年(1975)	4月	東京都中世文書調査委員(昭和53年3月まで)。
34歳	7月	大月市史執筆委員(昭和51年10月まで)。
昭和54年(1979)	8月	日本古文書学会編集委員、評議員(平成11年3月まで)。
38歳	7月	『龍王の慈照寺』を自費出版。
	10月	東国戦国史研究会委員(後、戦国史研究会と改称、平

		成20年まで)。この頃、TBSの「荻野先生番組」に出演。
昭和56年(1981)	4月	練馬古文書研究会結成、顧問・代表委員となる(平成22年まで)。
40歳	10月	第1論集『戦国大名領の研究』(名著出版)刊行。
昭和57年(1982)	5月	大田区史執筆委員(昭和59年3月まで)。
41歳	7月	国分寺市史執筆委員(昭和60年3月まで)。
	10月	東京都歴史民俗資料調査員(昭和58年3月まで)。
昭和58年(1983)	7月	甲府市史専門委員(平成2年3月まで)。
42歳	7月	練馬区文化財調査委員(昭和60年3月まで)。
	8月	「岩村田の龍雲寺史」の編纂開始(完成は平成3年8月)。
	11月	早稲田大学より「戦国大名領の研究」により文学博士を授与。
昭和60年(1985)	4月	練馬区文化財条例検討委員(昭和61年3月まで)。
44歳	5月	山梨県高根町史執筆委員(昭和64年3月まで)。
	7月	山梨県鳴沢村史執筆委員(平成7年3月まで)。
	8月	甲府市武田氏館跡検討委員(昭和61年3月まで)。
昭和61年(1986)	正月	練馬郷土史研究会委員(昭和62年3月まで)。
45歳	2月	練馬区文化財保護審議委員(現在に至る)。
昭和62年(1987)	5月	武田氏研究会設立、運営・編集委員(逝去まで)。
46歳	5月	山梨県昭和町誌専門委員(平成2年3月まで)。
	7月	韮崎市新府城跡史跡検討委員(昭和63年3月まで)。
	7月	練馬地名研究会設立、顧問(平成2年3月まで)。
	12月	練馬区石神井城址調査会委員(平成元年3月まで)。
昭和63年(1988)	3月	山梨県境川村誌執筆委員(平成元年3月まで)。
平成元年(1989)	7月	山梨県都留市史編集委員(平成8年3月まで)。
平成2年(1990)	7月	山梨県勝山町誌執筆委員(平成7年3月まで)。
49歳	7月	山梨県史編纂専門委員(平成18年まで)。
平成3年(1991)	7月	練馬区小島家文書調査会団長(平成5年3月まで)。
平成4年(1992)	6月	英仏8日間旅行(槙子と)。
51歳	7月	野口賞受賞。
	7月	新宿区文化財調査委員会議長(平成5年10月まで)。
	10月	山梨県身延町誌編纂専門委員(平成8年3月まで)。
平成5年(1993)	10月	新宿区文化財保護審議委員(平成15年10月)まで。
平成6年(1994)	4月	山梨県西桂町史編纂専門委員(平成14年3月まで)。
平成7年(1995)	4月	山梨県豊富村誌編纂専門委員(平成12年3月まで)。
54歳	8月	香港・マカオ5日間旅行(槙子と)。
	11月	日本史攷究会再建、事務局を預かる(平成13年11月まで)。

平成8年(1996)	10月	日本古文書学会理事(平成15年3月まで)。
平成9年(1997)	4月	山梨県富沢町史専門委員(平成14年10月まで)。
56歳	5月	山梨市史編纂専門委員(平成18年まで)。
平成11年(1999) 58歳	4月	早稲田大学社会科学部非常勤講師(平成20年3月まで)。
	4月	法政大学大学院日本史非常勤講師(平成23年まで)。
	8月	相模原の当麻宿調査(法政大学院生との調査)。
平成12年(2000) 59歳	7月	早稲田大学図書館退職を前に『戦国大名と古文書』自費出版。
	8月	法政大学院生との沼津調査開始。大川文書ほか、修善寺文書参観。
	8月	イタリア旅行8日間(槙子と)。
	10月	西武コミュニティカレッジ講師(平成17年3月まで)。
平成13年(2001)	4月	國學院大學文学部非常勤講師(平成18年3月まで)。
60歳	8月	沼津調査2年目(植松・岡宮・西光寺ほか)
	11月	早稲田大学図書館定年退職(満60歳)。
平成14年(2002) 61歳	3月	中国旅行(北京・西安・桂林・上海8日間、酒井清氏と)。
	4月	早稲田大学教育学部非常勤講師(平成23年まで)。
	4月	『戦国遺文　武田氏編』第1巻(東京堂出版、共編)刊行。第6巻(平成18年刊)で完結。
	7月	京都旅行。東寺・醍醐寺・伏見稲荷ほか。
	8月	沼津調査3年目(裾野市内)。
	8月	上田・真田・松代調査。
	8月	奈良・秋篠寺・飛鳥地方旅行(一人旅)。
	9月	青森・弘前・盛岡・仙台旅行(一人旅)。
	10月	山梨郷土研究会理事(平成20年まで)。
	11月	白河城・那須地方見学(法政大学院生らと)。
平成15年(2003) 62歳	2月	この頃から戦国史研究会委員、後に評議員へ（平成20年まで)。
	3月	水上・宝川温泉。榛名湖観光。
	3月	自宅裏地造成工事開始(7月末に完成)。
	4月	山梨県鰍沢町誌執筆委員(平成17年3月まで)。
	6月	伊東温泉(山の上の旅館)・城が崎観光。
	7月	京都。石清水神社調査(國學院調査に参画)。三井寺・日吉神社・比叡山・泉涌寺・東福寺・随身院・勧修寺見学(一人旅)。
	8月	沼津調査4年目(御殿場市内)。

	10月	日本古文書学会で金沢。その後、片山津温泉・敦賀・小浜・天ノ橋立・琵琶湖見学(息子哲也と)。
	11月	千葉県・千倉温泉。九十九里浜見学。
平成16年(2004) 63歳	8月	法政大学院現地調査で、群馬県立歴史博物館・新田荘域・大田城見学。
	9月	山形県赤倉温泉滞在2泊、帰途、月山・湯殿山・米沢市内・荒川荘域・新発田城・新潟県立博物館・二十日町市立博物館見学(鈴木瑞男・酒井清・目黒氏と)。
平成17年(2005) 64歳	7月	2泊3日で、鹿児島・熊本・長崎の観光旅行(酒井清氏と)。
	8月	法政大学院現地調査で、赤城神社・群馬県立文書館・境町の中沢家所蔵文書調査。
	9月	群馬県三波川の飯塚家、埼玉県上里町の陽雲寺文書調査(2度目、院生らと)。
平成18年(2006) 65歳	4月	日本大学文学研究科日本史学科非常勤講師(平成26年9月まで)。
	8月	法政大学院現地調査で、足利・栃木・宇都宮市。那須・皆川文書を参観。
	9月	日本大学大学院の現地調査で、上諏訪・茅野市へ(第1回)。
平成19年(2007) 66歳	4月	立正大学文学研究科非常勤講師(平成23年まで)。
	4月	早稲田大学エクステンションセンター八丁堀教室講師「戦国大名文書」(平成28年12月まで)。
	4月	NHK大河ドラマ『風林火山』時代考証担当(翌年10月まで)。
	8月	法政大学院現地調査で、小山・結城市内へ。
	9月	日本大学大学院現地調査で、上諏訪・下諏訪へ。
	9月	北海道函館・札幌・小樽観光旅行(酒井清氏と)。
	10月	地方史研究協議会高松大会参加。屋島・善通寺のほか、巡検で塩飽島ほか見学。
平成20年(2008) 67歳	2月	鹿児島講演の後、鹿児島・都城・霧島神社見学。
	3月	福島講演の後、米沢・上山温泉・山形観光旅行(一人旅)。
	3月	日本古文書学会見学会の新潟県博物館見学の後、江上館・平林城・弥彦神社・寺泊港・与板町見学(法政大学宮内氏ほかと)。
	8月	BS11チャンネル『歴史のもしも・武田信玄』出演(お茶の水)。
	9月	箱根早雲寺ほか、花紋旅館、日帰り温泉旅行。

	10月	日本古文書学会敦賀大会で、西福寺文書ほか見学。
	10月	地方史研究協議会水戸大会で、水戸城・常陸大田の佐竹家菩提寺ほか。
平成21年(2009) 68歳	正月	喪中のため正月を修善寺温泉・滝亭で迎える(槙子と)。伊豆市の古藤田純一氏が韮山を案内。
	7月	吉野・奈良・伏見・淀旅行(一人旅)。
	8月	法政大学院生らと調査旅行。水戸・霞ヶ浦周辺・千葉城。
平成22年(2010) 69歳	正月	湯河原温泉「敷島館」で正月をすごす(槙子と)。
	3月	武川衆の「折井家文書」調査(立正大学院生の小池氏と)。
	7月	滋賀県琵琶湖周辺の旅行(酒井清氏と)。車の接触事故。
	8月	法政大学院生の調査旅行。横浜の市立大学図書館・県立公文書館・博物館。
	8月	山形県鶴岡・酒田・温海温泉。
	9月	CSヒストリーチャンネル『武田信玄』出演(恵林寺で)。
	9月	彦根・近江八幡・草津・大津・坂本・京都旅行(酒井清氏と)。
	9月	戦国史研究会で松代、その後、飯山・野沢温泉(斎藤宜政氏と)。
	9月	松本の草間家文書調査(法政大学院生の齋藤氏と)。
	11月	練馬区区民表彰(自治功労)。
平成23年(2011) 70歳	正月	京都・白河院(槙子と)。
	2月	京都洛西と奈良柳生の里見学(一人旅)。
	3月	長野・筑西・麻績調査(斎藤宜政氏と)。
	7月	日本大学研修旅行で、名古屋・岐阜・大垣・関ヶ原見学。
	7月	米沢・上杉邸から山奥の寺まで本庄家文書見学(酒井清氏と)。
	11月	早大ガーデンハウスで古稀記念祝賀会。
	12月	安城市と岡崎・松平郷。浜松市美術館の徳川家康展見学(一人旅)。
平成24年(2012) 71歳	正月	京都・白河院へ(槙子と)。
	正月	須坂の奥の混浴温泉の後、長野市立博物館の講演(斎藤・吉田智氏らと)。
	3月	満70歳をもって、早稲田大学・法政大学・立正大学の非常勤講師退任。
	4月	高野山へ2泊3日(酒井清氏ほか、練馬区の渡辺・吉

		田氏らと)。
	7月	日本大学研修旅行。長浜・小谷城・彦根・安土城・近江八幡・長命寺・草津・大津・三井寺・日吉大社・京都。
	8月	水上温泉。天神平(槙子と)。
	9月	日本古文書学会、奈良東大寺大会。
	10月	栃木県立博物館の足利尊氏展見学、喜連川・氏家へ(駒澤大学宮川氏らと)。
	10月	滋賀県安土城博物館で講演。その翌日長浜から竹生島へ。
	12月	山梨県立博物館の黄金展見学。西脇康氏とともに湯村温泉泊。新設の県立図書館見学。西南湖の安藤家見学。御坂越えで御殿場市まわりで帰宅。
平成25年(2013)	正月	箱根大平台の私学共済の保養所へ(槙子と)。
72歳	3月	堺市内の見学(吉田智氏と)。
	4月	甲府・湯村温泉・弘法の湯へ(槙子と)。
	4月	練馬古文書研究会顧問(逝去まで)。
	5月	盛岡・宮古・釜石・遠野・花巻(酒井清氏と)。
	7月	名古屋・津島・桑名・津・松阪・伊勢市・大湊・鳥羽・志摩半島の見学(吉田智氏と)。
	8月	箱根湯本の公務員共済会の保養所で、松井叶子・猪之原昌子・酒井清・吉田正信氏らとともに。
	8月	東北三県ツアーに参加。阪急トラピックス。男鹿・白神山地・浅虫・下北・久慈へ(槙子と)。
	9月	練馬区文化財保護審議会会長(平成29年3月まで)。
	9月	西尾市・吉良湊・常滑・名古屋・岐阜へ(一人旅)。
	10月	佐倉の国立歴史民俗博物館で「中世の古文書」展を見学(吉田智氏と)。
	11月	平泉・松島・鳴子温泉・会津のツアーに参加(一人旅)。
平成26年(2014)	正月	山梨県・西山温泉慶雲館、奈良田の深沢家へ(槙子と)。
73歳	3月	阪急ツアーで、神戸・有馬・竹田城・丹後半島・城の崎温泉・天橋立へ(酒井清氏と)。
	5月	越後湯沢の貝掛温泉へ。
	5月	松本での信濃史学会講演の後、美ヶ原高原へ(斎藤氏と)。
	8月	金沢文庫で、中世文書展の見学。
	8月	尾道・しまなみ街道・松山観光(槙子と)。
	8月	富士吉田市内見学。希代家・渡辺家文書参観(日本大学院生3人と)。

	9月	福井県内の見学。戦国史研究会。福井大学。二日目は県立博物館で、福井の橘家文書他見学。次いで福井城跡の庭園内にある市立博物館を見学。三日目は鴨志田智啓氏の運転で、三国湊の博物館(みくに龍翔館)・丸岡城・白山神社・平泉寺。今泉氏のご案内。勝山城・一乗谷朝倉氏遺跡資料館・織田神社を見学。
	9月	日本大学大学院講師退任。
	10月	練馬区学びと文化の推進プラン懇談会委員(平成28年まで)。
	10月	練馬区資料収集委員会委員。
	10月	甲府で開府500年の記念講演。
	11月	長野県・湯田中温泉の一人旅。志賀高原の散策。二日目はレンタカーで、真田宝物館・県立博物館の展示を見学。
平成27年(2015) 74歳	正月	3日、鎌倉のあじさい荘へ(槙子と)。大仏・頼朝墓・鎌倉宮・北条氏の墓の寺。
	3月	上田・松代・吾妻・沼田(斎藤・小林氏と)。
	6月	大阪城・真田史跡・富田林・観心寺・金剛寺・司馬遼太郎記念館(槙子・河野昭昌氏と)。帰路に京都の本能寺・阿弥陀寺・下鴨神社。
	8月	中之条町へ。沢渡温泉泊。唐沢氏の案内で岩櫃城へ(一人旅)。
	9月	日本古文書学会で岡山へ。後楽園・県立博物館・林原美術館。翌日、吉備津彦神社から鬼ケ城・高松城跡へ(須藤茂樹氏と)。帰路に京都で本能寺跡・二条城見学。
	10月	世田谷区大場代官屋敷ほか見学会(練馬古文書研究会)。
	10月	横手・角館・秋田市内見学(槙子・悦子姉と)。
	11月	清水市・フェルケール博物館講演。掛川城・清水港・市立博物館・駿府城見学。
	11月	坂城町村上氏シンポジウム参加。上田城見学(斎藤氏と)。
平成28年(2016) 75歳	正月	箱根大平台の私学共済保養所対岳荘へ(槙子と)。
	3月	松代へ(丸島和洋氏と)。松代荘泊。翌日、上田城。
	3月	山梨県立博物館の「武田二十四将展」見学。湯村弘法湯泊(中村信一氏と)。翌日、本龍王・米山護氏宅へ寄る。
	4月	金子宏二氏を偲んで春城会、高田牧舎で。
	5月	所理喜夫氏を偲ぶ会、浅草で。

	5月	京都2泊(槇子と)。本能寺・京極界隈・大原三千院・北野神社の秀吉の御土居。彦根城・安土の信長家臣団展。
	6月	京王観光のバスツアー。沼田・真田・上田・松代案内。
	7月	青梅の御嶽山の御嶽山荘で1泊(槇子と)。
	8月	飯田・浜松2泊(斎藤宜政氏と)。
	9月	日本古文書学会で講演(早稲田大学国際会議場、皇太子臨席)。
	12月	心臓病検査のため荻窪病院に入院。
平成29年(2017) 76歳	正月	15日、練馬古文書会で講演「井伊直虎」。
	2月	14日、長野市の薬剤師協会で講演「大河ドラマ『真田丸』の問題点」。
	2月	16日、心臓バイパス手術のため武蔵野赤十字病院に入院。
	3月	13日、バイパス手術(10日後に退院)。
	4月	韮崎の功刀氏宅で武田信玄の文書見学。
	5月	27日、安土城考古博物館の「信長のプロフィール展」参観。京都の養源院を見学。
	6月	23〜25日、山梨郷土史研究会の南茨城見学会に参加。事前に佐原に1泊。翌日香取神宮・鹿島神宮。大洗に宿泊。
	7月	2日、武田氏研究会。初めて会場の石和へ浅倉氏の車で行く。
	7月	9〜11日、万座温泉に2泊(槇子と)。
	9月	17〜19日、函館・登別・小樽・札幌2泊3日(槇子と)。台風13号の中、ツアー。
	11月	9日、大山参詣(槇子と)。川島敏郎氏案内。
	12月	20日、小田原城見学(浅倉直美・長塚孝氏と)。
平成30年(2018) 77歳	正月	12〜16日、動脈瘤手術のため武蔵野赤十字病院に入院。
	3月	6日、甲府の湯村温泉常磐ホテルに1泊。翌日、慈照寺墓参。
	3月	10日、上野公園散策。水月ホテルで昼食と温泉。
	4月	15日、深谷で姉みゆきの米寿祝賀会開催。
	4月	24日、横浜書道連合会で講演。書道史と古文書学。
	5月	8・22日、白内障の手術。
	6月	17日、古藤田氏の結婚式出席。沼津のリバーサイドホテルに宿泊(槇子と)。

7月　14日、武田氏研究会。大隅清陽氏講演。
8月　17～18日、千曲市内・武水分別神社ほか(斎藤宜政氏と)。戸倉上山田温泉泊。室賀峠越えで筑北市内へ。
9月　8日、古文書学会参加。京都学・歴彩館、上島有氏講演。前日、八瀬周辺・曼珠院・修学院離宮見学。帰路、東本願寺見学。
9月　30日、「柴屋舎文庫所蔵文書」を寄贈し、早稲田大学名誉賛助員の称号を与えられる。
10月　11日、石和温泉糸柳1泊。甲府一高同窓会。翌日高校見学。
11月　27～29日、鬼怒川温泉と日光東照宮ほか。以後の旅行は槙子と。

令和元年(2019)
78歳
正月　20日、練馬古文書研究会講演「日本の書道史と古文書研究」。
3月　27～29日、伊豆下田温泉旅行。伊東園。
5月　21日、石和温泉慶山荘。墓参。新町の小林家(姪)訪問。
6月　2日、日本史攷究会史跡見学会。大塚・伝通院・印刷博物館。
6月　25日、練馬区ふるさと文化館で講演「練馬の古文書」。
6月　武蔵野赤十字病院より藤沼医院に移る。以後月一回の診察。
7月　6日、武田氏研究会。丸島和洋氏講演(浅倉氏と)。
8月　2日、熱海・ウオミサキホテル2泊。
8月　17日、江戸東京博物館友の会で講演「徳川家康関東入国」。
8月　27日、秩父・長瀞に日帰り旅行。
9月　8日、杉並区郷土研究会で講演「明智光秀」。
9月　24～26日、別府温泉。中津市内・宇佐八幡宮見学。
10月　2日、長野県立歴史館の小笠原三代展示を見学(武田健作氏と)。
10月　20日、練馬古文書研究会で杉並区郷土博物館・妙法寺見学。
11月　2日、甲府1泊。信虎開府500年シンポジウム参加。翌日昇仙峡を歩く。
11月　小田原城と神奈川県立歴史博物館の櫻井家文書を見学(浅倉氏と)。
12月　13日、金婚式の祝いに哲也・理子より楯を贈呈される。

令和2年(2020) 79歳	2月	15日、戦国史研究会総会(駒澤大学)。
	4月	6〜9日、抜歯のため武蔵野赤十字病院に入院。
	6月	21日、練馬古文書研究会。再開総会。
	7月	4日、武田氏研究会。村石正行氏講演(浅倉氏と)。
	7月	7〜9日、湯河原・敷島館で温泉。
	7月	14日、埼玉県立歴史と民俗の博物館で「法恩寺年録」の調査(浅倉氏と)。
	9月	24〜25日、石和・糸柳。墓参、竜王・野子島へ(兄弟会)。
令和3年(2021) 80歳	6月	26日、武田氏研究会(浅倉・武田氏と)。
	9月	第8論集『戦国期武田氏領研究の再検討』(岩田書院)刊行。
	9月	10日、満80歳を期として終活のための身辺整理を始める。大量の図書を売却し、若手の研究者に、関係する図書を贈呈する。
	11月	21日、練馬古文書研究会。
	12月	6〜18日、武蔵野赤十字病院入院。肺炎。
令和4年(2022)	3月	15〜30日、同院入院。うっ血性心不全。
	5月	16日、武蔵野赤十字病院に緊急入院。 21日逝去。「壽実院史考日俊居士」。

＊この年譜は、著者が生前に用意した原稿に、ご遺族が追記したものである。

柴辻俊六 著作目録 （1969年以前は「斎藤俊六」名）

1　単行著書

竜王の慈照寺	山梨県・慈照寺	1979. 6
戦国大名領の研究—甲斐武田氏領の展開—	名著出版[**論集 1**]	1981.10
戦国大名文書の読み方・調べ方(古文書入門叢書 3)	雄山閣	1984. 6
武田信玄—その生涯と領国経営—	文献出版	1987.12
戦国大名武田氏領の支配構造	名著出版[**論集 2**]	1991. 8
真田昌幸(人物叢書)	吉川弘文館	1996. 8
戦国大名と古文書	私家版	2000. 6
戦国期武田氏領の展開	岩田書院[**論集 3**]	2001.11
武田勝頼	新人物往来社	2003.12
甲斐武田一族	新人物往来社	2005.10
武田信玄合戦録(角川選書)	角川書店	2006.11
信玄の戦略—組織、合戦、領国経営—(中公新書)	中央公論新社	2006.11
戦国期武田氏領の形成	校倉書房[**論集 4**]	2007. 2
信玄と謙信—宿命のライバル—	高志書院	2009.11
戦国期武田氏領の地域支配	岩田書院[**論集 5**]	2013. 5
真田幸綱・昌幸・信幸・信繁—戦国を生き抜いた真田氏三代の歴史—	岩田書院	2015.10
織田政権の形成と地域支配	戎光祥出版[**論集 6**]	2016.10
戦国文書調査マニュアル	戎光祥出版	2017. 5
戦国期武田氏領の研究—軍役・諸役・文書—	勉誠出版[**論集 7**]	2019. 8
戦国期武田氏領研究の再検討	岩田書院[**論集 8**]	2021. 9

2　編著書

新編甲州古文書(全3冊)(共編)	角川書店	1966.12〜1969. 3
武田氏の研究(戦国大名論集 10)	吉川弘文館	1984. 3

早稲田文庫の古文書解題　岩田書院　1998.10
武田信玄大事典　新人物往来社　2000.10
戦国遺文武田氏編(全6冊)(共編)　東京堂出版　2002. 4～2006. 5
古文書演習―様式と解釈―　続群書類従完成会　2003. 4
中世末駿東郡域の領主と在地社会―法政大学大学院柴辻演習・駿東郡域調査報告書―　私家版　2004.12
武田信虎のすべて　新人物往来社　2007. 1
武田勝頼のすべて（共編）　新人物往来社　2007. 1
新編武田信玄のすべて　新人物往来社　2008. 6
戦国大名武田氏の役と家臣　岩田書院　2011.11
練馬ふるさと事典　東京堂出版　2011.11
史料集「柴屋舎文庫」所蔵文書1　日本史史料研究会　2011.11
史料集「萬葉荘文庫」所蔵文書　日本史史料研究会　2013. 4
武田氏家臣団人名辞典　東京堂出版　2015. 5
史料集「柴屋舎文庫」所蔵文書2　日本史史料研究会　2015. 5
校注　本藩名士小伝　高志書院　2017.10

3　分担執筆書

史料採訪と整理の実際(『文献資料整理の実務』)　柏書房　1974. 9
新宿区文化財総合調査報告書(全5冊)　新宿区教育委員会　1975. 3～80. 1
大月市史　史料篇　中世　大月市　1976. 3
常陸江戸氏関係文書集(『江戸氏の研究』)　名著出版　1977. 7
翻刻『諏訪社祭礼之次第記』(『諏訪信仰の発生と展開』)　永井出版　1978.11
天妙国寺総合調査報告書　品川区　1980. 3
新田堀江氏古文書選(『新田堀江氏研究』)　東京堂出版　1982. 4
西中山妙福寺文書(共編)　練馬古文書研究会　1983.10
上九一色村誌　上九一色村　1985. 3
武蔵国土支田村小島家文書目録(共編)　練馬古文書研究会　1985. 7
大田区史　上巻　大田区　1985.10
国分寺市史　上巻　国分寺市　1986. 3
甲府市史　史料編　近世2　甲府市　1987. 3
鳴沢村誌　第一巻　鳴沢村　1988. 1
甲府市史　史料編　中世　甲府市　1989. 3
御府内並村方旧記(共編)　練馬古文書研究会　1989. 6
境川村誌　資料編　境川村　1990. 2
昭和町誌　昭和町　1990. 3

早稲田大学図書館史	早稲田大学図書館	1990. 9
高根町誌　上巻	高根町	1990.11
甲府市史　通史編　第1巻	甲府市	1991. 4
信濃国岩村田龍雲寺史	龍雲寺護持会	1991. 8
都留市史　資料編　古代・中世	都留市	1992. 3
甲府の歴史	甲府市	1993. 3
武蔵国土支田村小島家文書	練馬区	1993. 3
鳴沢村誌　資料編	鳴沢村	1995. 4
都留市史　通史編	都留市	1996. 3
身延町誌　資料編	身延町	1996. 3
山梨県史　資料編4　県内文書	山梨県	1999. 3
勝山村史　上巻	勝山村	1999. 5
日本史小百科　宿場	東京堂出版	1999. 7
真田昌幸のすべて	新人物往来社	1999.10
豊富村誌　上巻	豊富村	2000. 3
新府城と武田勝頼	韮崎市	2001. 3
山梨県史　資料編6　県内記録	山梨県	2001. 5
西桂町誌　資料編　第二巻	西桂町	2002. 1
富沢町史　上巻	富沢町	2002.10
山梨県史　資料編6　県外記録	山梨県	2002.12
西桂町誌　本編Ⅰ	西桂町	2003. 2
山梨県史　資料編5　県外文書	山梨県	2005. 3
山梨市史　史料編　古代中世	山梨市	2005. 3
鰍沢町誌　資料編	鰍沢町	2006. 3
風林火山―NHK大河ドラマ歴史ハンドブック―	日本放送出版協会	2007. 1
山梨県史　通史編2　中世	山梨県	2007. 3
山梨市史　通史編　古代中世編	山梨市	2007. 3
間違いだらけの戦国史	新人物往来社	2009. 4

＊その他　勤務先の早稲田大学図書館の業務に関連して、『早稲田大学図書館文書目録』第1～7集、『大隈文書目録補遺』、『早稲田大学所蔵荻野研究室収集文書』、「宮島誠一郎文書目録」の編刊を担当。

4　論文

竜王河原宿成立の意義	「甲斐史学」10周年記念号[論集1]	1965.10
「妙法寺記」の諸本について	「甲斐史学」22号[論集1]	1967. 7
甲斐国における近世的村落の展開過程	「地方史研究」101号[論集1]	1969.10

中世末地方寺院領の特質	「甲斐路」山梨郷土研究会創立30周年記念号[論集1]	1969.11
「天正壬午甲信諸士起請文」の考察	「古文書研究」3号[論集1]	1970. 2
戦国期社家衆の存在形態	「史観」81号[論集1]	1970. 5
織田政権東国進出の意義	「日本史攷究」16号[論集1]	1970.12
戦国大名武田氏の海賊衆	「信濃」24巻9号[論集1]	1972. 9
武田氏領国制下の棟別役	「信濃」25巻3号[論集1]	1973. 3
「甲斐武田家文書集」について	「甲斐路」23号[論集1]	1973. 8
戦国期の水利灌漑と開発	「民衆史研究」11号[論集1]	1973. 5
戦国期の棟別役	「日本史研究」134号[論集1]	1973. 7
甲斐武田氏の伝馬制度	「信濃」26巻1号[論集1]	1974. 1
甲斐国における近世的村落の展開過程	『甲斐近世史の研究　上』雄山閣[論集1]	1974. 3
関東武者別符氏について	「日本史攷究」20号	1974. 8
武田信虎の領国支配	「甲斐路」25号[論集1]	1974. 9
「中原康雄記」とその紙背文書について	「日本歴史」319号	1974.12
『太平記』と武蔵野	「歴史手帖」3巻5号	1975. 5
甲斐武田氏家臣の文書	「歴史手帖」3巻7号[論集1]	1975. 7
国人領主小山田氏の武田氏被官化過程	「古文書研究」9号[論集1]	1975.12
甲斐武田氏領の人返し法	「甲斐路」29号[論集1]	1976.11
上杉禅秀の乱と東国状勢	「歴史手帖」5巻2号[論集1]	1977. 2
甲斐武田氏の軍役について	「信濃」29巻2号[論集1]	1977. 2
都内現存古文書の概要	『東京都中世古文書所在調査目録』	1978. 3
古文書の伝来と保存(中部・関東)	『日本古文書学講座』1巻　雄山閣	1978. 6
久米邦武	『日本古文書学講座』1巻・月報	1978. 6
甲州法度の歴史的性格	『戦国の兵士と農民』角川書店[論集1]	1978.11
戦国期の甲・相関係について	「神奈川県史研究」38号[論集1]	1979. 3
日本の修史事業と古文書研究	「日本歴史」374号	1979. 7
戦国大名文書	『日本古文書学講座』4巻　雄山閣	1980. 4
甲斐武田氏の領国形成と感状	「信濃」32巻5号[論集1]	1980. 5
後北条氏と江戸城代遠山氏	『関東戦国史の研究』名著出版	1980. 6
戦国大名の偽印	「戦国史研究」1号[論集2]	1981. 2
戦国大名武田氏の直轄領	『熊谷幸次郎先生古稀記念論集　日本史攷究』[論集1]	1981. 3

守護武田氏と戦国初期動乱	新稿[論集 1]	1981.10
戦国大名領の諸役	「戦国史研究」3 号	1982. 2
中世の牛込地域	『地図で見る新宿区の移り変わり』	1982. 3
常陸江戸氏の発展と滅亡	「歴史手帖」10 巻 3 号	1982. 3
後北条氏の両総支配	『論集房総史の研究』名著出版	1982. 5
戦国大名文書の分類と特色	『甲斐の地域史的展開』雄山閣[論集 2]	1982.10
甲斐武田領の反銭と棟別役	「歴史手帖」10 巻 11 号[論集 2]	1982.11
戦国期木曽氏の領国経営	「信濃」34 巻 11 号[論集 2]	1982.11
戦国大名の制札	「戦国史研究」5 号[論集 2]	1983. 2
武田氏研究の概要	『武田氏の研究』吉川弘文館[論集 2]	1984. 3
南北朝期の大田区域の領主たち	「史誌」(大田区史)21 号	1984. 6
戦国期武田領の交通政策と商品流通	『甲府盆地』雄山閣[論集 2]	1984.10
武田氏の治山・治水策	「歴史公論」115 号[論集 2]	1985. 6
戦国大名の禁制と制札	「戦国史研究」10 号[論集 2]	1985. 8
武田氏の伝馬制度補考	「甲斐路」56 号[論集 2]	1986. 5
「妙法寺記」の呼称について	「日本歴史」465 号	1987. 2
武田氏の諸役体制	「戦国史研究」13 号[論集 2]	1987. 2
武田氏研究の現状と課題	「戦国史研究」13 号	1987. 2
信玄の家臣団と在地掌握	『別冊太陽』(武田信玄)平凡社	1988. 1
武田機山公展出陳文書の考察	「武田氏研究」創刊号[論集 2]	1988. 2
甲斐武田氏関係文書の考察	『中世東国史の研究』東京大学出版会 [論集 2]	1988. 2
小山田氏の郡内領支配	「郡内研究」2 号[論集 2]	1988. 8
再び戦国大名の制札について	「戦国史研究」16 号[論集 2]	1988. 8
武田氏研究の現状と問題点	「甲府市史研究」5 号[論集 2]	1988. 9
中世の新宿区域	『新宿区歴史博物館図録』	1989. 1
常陸江戸氏	『日本の名族』関東編 新人物往来社	1989. 5
地方の中世文書	「練馬古文書研究会会報」14 号	1990. 1
信濃木曽氏の領国形成	「信濃」42 巻 6 号[論集 2]	1990. 6
武田信玄の「棒道」関連文書について	「甲斐路」69 号	1990. 8
武田信玄の関東経略と西上野支配	『戦国期東国社会論』吉川弘文館 [論集 2]	1990.12
武田親族衆穴山氏の領国形成	新稿[論集 2]	1991. 8
武田信玄の曹洞宗支配と北高禅師	『戦国大名武田氏』名著出版[論集 3]	

1991.12
天文二十一年段階の武田氏権力について
「武田氏研究」9号[論集3]　1992. 3
『勝山記』と『妙法寺記』について　「信濃」44巻6号[論集3]　1992. 6
武田信玄「棒道」論に関連して　「甲斐路」75号[論集3]　1992.12
戦国期真田氏の基礎的考察　「古文書研究」39号[論集3]　1994.10
戦国期東国大名領の伝馬制度　「交通史研究」35号[論集3]　1995. 4
織田政権と真田昌幸　「日本歴史」566号[論集6]　1995. 7
武田領の伝馬制度　『馬の文化叢書3　中世』
馬事文化財団　1995. 9
武田領の郷中主導層について　「戦国史研究」31号[論集3]　1996. 2
同文二通の武田信玄自筆書状　「武田氏研究」16号　1996. 3
再び『勝山記』(『妙法寺記』)の成立をめぐって
「甲斐路」83号[論集3]　1996. 3
戦国期武田領の助馬制と印判衆　「信濃」48巻5号[論集3]　1996. 5
天正五年の太田原綱清書状と北関東情勢
「埼玉地方史」36号　1996. 7
豊臣政権と信濃真田氏の領国制　「日本海地域史研究」13輯　1996.10
戦国期信濃仁科氏領主制の史的考察　「信濃」48巻12号[論集3]　1996.12
戦国大名自筆文書の考察—武田信玄を事例として—
「山梨県史研究」5号[論集3]　1997. 3
甲斐武田氏の勘定所印について　「武田氏研究」19号[論集3]　1998. 6
添状の効力　「古文書研究」48号[論集3]　1998.10
書状研究の課題　「古文書の研究」49号　1999. 3
戦国大名家臣の印判　「戦国史研究」38号　1999. 8
武田・穴山氏の駿河支配　「武田氏研究」21号[論集3]　1999. 9
越相同盟と武田氏の武蔵侵攻　「武田氏研究」22号[論集3]　2000. 3
川中島合戦の虚像と実像　「信濃」52巻5号[論集3]　2000. 5
『高白斎記』をめぐる諸問題　「戦国史研究」40号[論集3]　2000. 8
日光山史と輪王寺文書　「練馬古文書会会報」27号　2001. 3
新府築城と真田昌幸　『新府城と武田勝頼』新人物往来社
[論集3]　2001. 3
戦国期武田氏領の諸城と領域支配　「信濃」53巻3号[論集3]　2001. 3
後北条氏の相模当麻宿支配と関山氏　「交通史研究」47号　2001. 4
武田勝頼の高遠領支配　「武田氏研究」24号[論集3]　2001. 6
領国諸城と領域支配　新稿[論集3]　2001.11
戦国期武田氏の京都外交　「武田氏研究」26号[論集4]　2002. 6
戦国期武田氏の京都外交—本山系大寺院を中心に—

	「駒沢大学史学論集」33号[論集4]	2003. 4
花押型による無年号文書の年代推定	「日本歴史」660号	2003. 5
戦国期武田氏の印判状奉者	「信濃」55巻10号[論集4]	2003.10
武田信玄の傷病と文書署判形式	「甲斐路」105号[論集4]	2004. 2
中世末駿豆内浦湾岸における土豪と地侍	『中世末駿東郡域の領主と在地社会』法政大学大学院柴辻演習・駿東郡域調査報告書[論集5]	2004. 2
戦国期武田氏の駿東郡支配	「武田氏研究」30号[論集4]	2004. 6
戦国期信濃依田芦田氏の考察	「信濃」57巻4号[論集4]	2005. 4
戦国期武田氏の領国支配機構	「武田氏研究」32号[論集4]	2005.11
土肥御殿は御北条氏別邸	「日本歴史」690号	2005.11
戦国期武田信虎の領国支配機構	『戦国・織豊期の社会と儀礼』吉川弘文館[論集4]	2006. 4
武田信玄研究の最前線	「歴史読本」802号	2006. 6
津久井城加番役定書について	「戦国史研究」52号	2006. 8
高遠城主時代の勝頼	『武田勝頼のすべて』新人物往来社	2007. 1
武田信虎の系譜	『武田信虎のすべて』新人物往来社	2007. 1
武田信虎の領国経営	『武田信虎のすべて』新人物往来社	2007. 1
上武国境地域の支配	新稿[論集4]	2007. 2
信濃下条氏の支配	新稿[論集4]	2007. 2
山本勘助の虚像と実像	「武田氏研究」36号[論集5]	2007. 4
戦国期信濃海津城代春日虎綱の考察	「信濃」59巻9号[論集5]	2007. 9
戦国期武田氏の飛驒侵攻と織田信長	「史叢」77号[論集5]	2007. 9
文化財としての戦国大名文書	『鹿児島の埋もれた歴史』鹿児島国際大学生涯学習センター報告書	2008. 3
武田信玄とその一族	『新編武田信玄のすべて』新人物往来社	2008. 6
武田信玄の上洛戦略と織田信長	「武田氏研究」40号[論集5]	2009. 5
「永禄武田将士起請文」の歴史的考察	「武田氏研究」41号[論集5]	2010. 1
武田親族衆穴山信君の江尻領支配	「地方史研究」343号[論集5]	2010. 2
戦国期の富士参詣をめぐる関所と交通制度	「甲斐」121号[論集5]	2010. 2
後北条氏の外交と小田原唐人町	「日本歴史」749号	2010.10

武田氏研究の動向と課題	「埼玉史談」303号	2010.10
甲斐武田氏の北信濃進攻と支配実態	「信濃」63巻2号[論集5]	2011. 2
戦国期武田氏領の普請役の検証	『戦国大名武田氏と甲斐の中世』[論集5]	2011. 9
元亀・天正初年間の武田・織田氏関係について	「織豊期研究」13号[論集5]	2011.10
史料編纂と古文書研究	「日本史攷究」35号[論集5]	2011.11
武田信玄の東美濃侵攻と快川国師	「武田氏研究」46号[論集5]	2012. 6
戦国期武田氏の遠江支配	「日本歴史」777号[論集5]	2013. 2
西上野領の支配	新稿[論集5]	2013. 5
織田政権下の堺と今井宗久	「信濃」65巻8号[論集6]	2013. 8
『甲陽軍鑑』収録文書の再検討	「武田氏研究」49号	2013.11
武田信玄画像の各種について	「日本史攷究」37号[論集7]	2013.12
第三次川中島合戦の上野原の地について	「戦国史研究」67号[論集7]	2014. 2
最近の武田氏研究と信濃	「信濃」66巻11号[論集7]	2014.11
『山梨県史』(中世資料編)収録の武田氏関連文書について	「武田氏研究」51号	2014.12
戦国期武田氏領での伊勢御師幸福太夫	「甲斐」135号[論集7]	2015. 2
戦国期織田政権の津湊支配について	「三重県史研究」30号[論集6]	2015. 3
天正壬午の乱と真田昌幸	『真田戦記』学習研究社	2015.12
『甲陽軍鑑』にみえる合戦記事の検討	「武田氏研究」54号[論集7]	2016. 6
武田氏領での「堪忍」と「堪忍分」の用例について	「研究論集　歴史と文化」2号	2017. 3
「天正壬午甲信諸士起請文」の再検討	「信濃」69巻5号[論集7]	2017. 5
同族的地域武士団武川衆の考察	「甲斐」143号[論集7]	2017.10
永禄・元亀年間での足利義昭「甲越和与」策の実態	『織田権力の構造と展開』歴史と文化の研究所[論集7]	2017.11
戦国期武田氏発給文書の右筆について	「信濃」69巻12号[論集7]	2017.12
戦国期武田氏領における足軽の様態	「十六世紀史論叢」9号[論集7]	2018. 3
常陸武田氏についての検討	「甲斐」145号[論集7]	2018. 6
戦国期武田氏領における「代官」の諸様態	「武田氏研究」58号[論集7]	2018. 7
戦国期武田氏家臣団文書の考察	「信濃」70巻10号[論集7]	2018.10

古文書学研究の現状と課題　「古文書研究」86号　2018.12
真田幸綱宛の武田晴信初見文書について
「武田氏研究」59号[論集7]　2019. 1
戦国期の徳役銭と諸役　「研究論集 歴史と文化」4号[論集8]
2019. 6
戦国期武田氏文書中の「案内」の語義と機能
『戦国・織豊期の政治と経済』
歴史と文化の研究所編[論集8]　2019. 7
武田氏領の御印判衆　新稿[論集7]　2019. 8
武田氏領の軍役と軍役新衆　新稿[論集7]　2019. 8
武田信廉(信綱)文書の再検討　新稿[論集7]　2019. 8
長篠合戦以降の信長攻勢と武田勝頼　新稿[論集7]　2019. 8
戦国期武田氏の本願寺外交と越中経略
「十六世紀史論叢」12号[論集8]　2019.10
戦国期の「取成」の語義と実態　「研究論集 歴史と文化」5号[論集8]
2019.12
戦国期武田家文書での「一統」の語義と機能
「甲斐」150号[論集8]　2020. 1
明智光秀の丹波支配と家中定書　「信濃」72巻3号　2020. 3
戦国期武田氏の「指南」の様態と機能
「武田氏研究」61号[論集8]　2020. 3
『甲乱記』の成立経過と展開　「甲斐」151号[論集8]　2020. 5
長篠戦以降の信長による武田氏攻め　『信長徹底解読』文学通信　2020. 7
寄親・寄子制度の再検討　「武田氏研究」62号[論集8]　2020. 7
武田信玄没後の代筆とする書状類について
「研究論集 歴史と文化」6号[論集8]
2020. 7
戦国期武田氏領の直轄領の検出と実態
『日本中近世の権力と社会』歴史と文
化の研究所編[論集8]　2020. 9
武田信玄の上洛路は青崩峠越えか駿河路か
「日本歴史」871号[論集8]　2020.12
戦国期武田氏領での「手形」の用例と機能
『歴史が拓く未来』歴史と文化の
研究所編　2021. 1
武田氏の金山開発と甲州金の創始　「十六世紀史論叢」14号[本書]　2021. 3
戦国期武田氏領の水利と開発　「甲斐」154号[本書]　2021. 5
武田氏領の伝馬制度と商品流通機能　「武田氏研究」64号[本書]　2021. 6

戦国期武田氏領の争論と訴訟の実態　「研究論集 歴史と文化」7号[本書]　2021. 6
戦国期武田氏領の「半手」と両属関係領主
「信濃」73巻8号[本書]　2021. 8
戦国期武田氏領検地の再検討　新稿[論集8]　2021. 9
「甲州法度」の「国法」性と領国形成過程
新稿[論集8]　2021. 9
戦国期武田氏の西上野領支配と北関東外交戦略
新稿[論集8]　2021. 9
戦国期武田氏領の人返し法と分国追放策
新稿[論集8]　2021. 9
戦国大名武田氏関係偽文書の様態とその背景
「研究論集 歴史と文化」8号　2021.12
武田義信事件の真相に迫る(1)～(4)「歴史研究」696～699号　2021.12～2022. 4

5　史料紹介

所謂「信玄堤」修築当時の新資料について
「日本歴史」276号　1971. 5
古文書摘録(1)法隆寺文書　「早稲田大学図書館紀要」12号　1971. 6
甲斐の皮多関係文書について　「甲斐路」19号　1971. 6
建久元年の上野国留守所下文について
「日本史攷究」18号　1971.11
古文書摘録(2)近江国蒲生郡上駒月古券
「早稲田大学図書館紀要」13号　1972. 3
古文書摘録(3)下京中出入之帳　「早稲田大学図書館紀要」14号　1973. 1
「甲斐武田家文書集」について　「甲斐路」23号　1973. 8
古文書摘録(4)彦根藩三浦家文書　「早稲田大学図書館紀要」15号　1974. 3
古文書摘録(5)康永三年僧正憲信置文
「早稲田大学図書館紀要」16号　1975. 3
大内政弘書状　「書状研究」3号　1976. 3
大学図書館における古文書の扱い方について
「私立大学図書館協会会報」67号　1977. 1
豊嶋宮城文書を見て　「練馬郷土史研究会会報」128号　1977. 3
古文書摘録(7)東大寺文書　「早稲田大学図書館紀要」18号　1977. 3
古文書講座(2)蓮雀前新田年貢請取状
「井口氏研究」2号　1978. 3
豊嶋宮城文書ほか　『新編武州古文書・下巻』角川書店　1978. 3
諏訪社祭礼之次第記　『諏訪信仰の発生と展開』永井出版　1978.11
「早稲田大学所蔵古文書展」が開かる

	「古文書研究」14号	1979.12
下総原文書について	『千葉市史史料編』第3巻	1980. 7
文献解題	『日本古文書学講座』第5巻	1981. 2
甲斐国八代荘をめぐる長寛勘文	「地方史研究」178号	1982. 8
甲斐武田氏の家系	「歴史読本」383号	1984. 3
古文書摘録(9)南都諸大寺関係文書	「早稲田大学図書館紀要」25号	1985. 3
添削教材(4)釈文 美濃国小西郷村文書		
	「練馬古文書通信講座」8号	1986. 1
甲斐武田氏文書目録に関連して	「戦国史研究」11号	1986. 2
古文書摘録(10)溝江文書・新庄文書	「早稲田大学図書館紀要」26号	1986. 3
関町の井口家文書について	「練馬古文書研究会会報」4号	1986. 3
古文書解説「千川文書」	「古文書の研究」6号	1990. 5
所蔵古文書解題	『早稲田大学図書館蔵図録』	1990.10
古文書めぐり―早稲田大学図書館―	「古文書研究」34号	1991. 5
「官遊紀勝」について	「甲府市史研究」9号	1991.10
荻野研究室収集文書	「ふみくら」(早大図書館報)33号	1991.12
「勝山記」の発刊によせて	『勝山記』勝山村	1992. 3
真田家文書	「歴史読本事典シリーズ」14号	1992. 4
甲斐国河口湖畔三浦家文書について	「郡内研究」5号	1992. 7
徳川家康伝馬手形について	「練馬古文書研究会会報」16号	1993. 1
徳川家康の武田家臣団掌握	「古文書の研究」23号	1993. 3
北武蔵の嶋田家文書について	「埼玉地方史」32号	1994. 6
藤田東湖自筆紺紙金泥大般若経について		
	「ふみくら」45号	1994. 4
稲毛浅間神社旧社家布施家文書について		
	「千葉いまむかし」8号	1995. 3
「甲州法度之次第」の現代語訳	『クロニック戦国全史』講談社	1995.12
『妙法寺記』の原型をめぐって	「ぐんしょ」33号	1996. 7
武田信綱と直江信綱	「戦国史研究」32号	1996. 8
横田村詮郷中法度	「日本史攷究」22号	1996.11
尾張国安井家文書について	「古文書研究」46号	1997. 9
本館所蔵古文書等略解題(1)	「早稲田大学図書館紀要」45号	1998. 3
復元された三浦家文書	『戦国遺文』後北条氏編・月報7	2000. 8
糊付の封式について	「古文書研究」52号	2000.11
伊達政宗の書状	「仙台市史のしおり」18号	2003. 3
上石神井村の五人組帳	「練馬古文書研究会会報」30号	2003. 5
早稲田文庫の古文書解題(補遺)	ホームページ特別掲載	2004.10
書状講座(1)　半井古仙書状	「練馬古文書研究会会報」33号	2004.12

書状講座(2)　島津家久書状　「練馬古文書研究会会報」35号　2005.11
武田遺臣「上野国・榎下文書」の紹介
　「武田氏研究」37号　2007.12
書状講座(3)　鳥居成次書状　「練馬古文書研究会会報」41号　2009. 1
武田信玄の起請文　「古文書研究」67号　2009.10
上総井田家文書の伝来と研究・井田文書の翻刻と解説
　『中世常陸・両総地域の様相―発見された井田文書―』茨城県立歴史館　2010. 3
書状講座(4)　稲葉景通書状　「練馬古文書研究会会報」44号　2010. 6
康治二年の藤原氏田地売券　「日本史攷究」34号　2010.11
書状講座(5)　伊丹勝長書状　「練馬古文書研究会会報」50号　2013. 6
武田信玄願文　「歴史読本」909号　2015. 3
真田幸綱宛の武田晴信初見文書について
　「武田氏研究」59号　2019. 1
武田信玄自筆願文　『古文書への招待』勉誠出版　2021. 1

6　書評

『甲斐国志』　「地方史研究」99号　1969. 6
『清水市史資料中世』　「日本歴史」288号　1972. 5
『武田遺宝集』　「日本歴史」295号　1972.12
『甲斐武田氏』(上野晴朗)　「地方史研究」121号　1973. 2
『近江浅井氏』(小和田哲男)『薩摩島津氏』(三木靖)
　「史観」88号　1974. 1
『甲斐国志草稿本及び編集諸資料調査報告書』
　「地方史研究」132号　1974.12
『新編武州古文書』上　「日本歴史」331号　1975.12
『富士山麓史』　「甲斐路」32号　1978. 6
『武田信玄のすべて』　「山梨日日新聞」2/19　1978. 2
『相田二郎著作集』3　「古文書研究」13号　1979. 6
『武田信玄とその周辺』(佐藤八郎)　「山梨日日新聞」11/8　1979.11
『古文書文例大字典』　「日本歴史」402号　1981.11
『演習古文書選』荘園編　「古文書研究」19号　1982. 7
『定本武田勝頼』(上野晴朗)　「甲斐路」45号　1982. 8
『新修徳川家康文書の研究』『徳川家康真蹟集』(中村孝也)
　「古文書研究」23号　1984.12
『早稲田大学蔵資料影印叢書』古文書集
　「古文書研究」28号　1987.10
『増訂織田信長文書の研究』(奥野高廣)

「古文書研究」30号　1989. 3

『富士川黒沢河岸』(今村昭)　「地方史研究」162号　1989. 6

『千葉県史料中世篇諸家文書補遺』　「古文書研究」38号　1994. 3

『松本市史　旧市町村編』　「古文書研究」43号　1996. 9

『戦国大名と外様国衆』(黒田基樹)　「日本史攷究」24号　1998.11

『戦国大名尼子氏の伝えた古文書―佐々木文書―』　「古文書研究」50号　1999.11

『足利尊氏文書の総合的研究』(上島有)　「古文書研究」54号　2001.11

『簗田家文書』　「古文書研究」58号　2004. 2

『武田氏年表』　「武田氏研究」43号　2011. 3

『中世後期の開発・環境と地域社会』(西川広平)　「日本歴史」789号　2014. 2

『山本菅助の実像を探る』　「古文書研究」78号　2014.12

『織田信長の古文書』　「古文書研究」82号　2016.12

『新しい中世古文書学―総論編―』(上島有)　「信濃」71巻8号　2019. 8

『武田親類衆と武田氏権力』(須藤茂樹)　「日本歴史」858号　2019.11

7　辞典・小論

日本地誌目録　『読史総覧』　人物往来社　1966. 2

日本文学地図索引　『日本文学の歴史』　別巻　角川書店　1968. 8

起印ほか　『国史大辞典』　吉川弘文館　1970. 6

穴山信君ほか　『万有百科大事典』　小学館　1973. 8

日本中世村落史の研究ほか　『日本史研究書総覧』　名著出版　1975.12

新宿区概説・地名解説　『日本地名大辞典　東京都』角川書店　1978.10

早稲田大学図書館ほか　『歴史資料保存機関総覧』　山川出版社　1979.10

下知状ほか　『古文書用字用語大辞典』　柏書房　1980. 8

武田勝頼ほか　『戦国大名家臣団事典』　新人物往来社　1981. 8

武田信玄ほか　『新版大百科事典』　平凡社　1982. 7

武田信玄ほか　『万有百科大事典』　小学館　1982. 9

常陸佐竹氏系譜ほか　「歴史読本」383号　1984. 3

山梨県甲府市の地名解説　『日本地名大辞典　山梨県』角川書店

		1984.10
中世の領主ほか	『新版地方史研究必携』 岩波書店	1985. 5
佐久間信盛ほか	『国史大辞典』6　吉川弘文館	1985.10
甲斐武田氏	『戦国大名系譜人名事典』 新人物往来	1985.11
中山法華経寺史料ほか	『史籍解題辞典』上巻　東京堂出版	1986. 8
武田信玄ほか	『戦国人名事典』 新人物往来社	1987. 3
新宿区の地誌	『江戸東京学事典』 三省堂	1987.12
武田信玄ほか	『国史大辞典』7　吉川弘文館	1988. 3
甲州攻めほか	『織田信長事典』 新人物往来社	1989. 4
川中島の戦いほか	『戦国合戦大事典　中部編』 新人物往来社	1989. 6
石原家文書ほか	『山梨百科事典 増補改訂版』 山梨日日新聞社	1989. 7
石倉城の戦いほか	『戦国合戦大事典　関東編』 新人物往来社	1989. 8
氏政―戦いの軌跡―	『歴史群像シリーズ』14　学習研究社	1989.10
法泉寺ほか	『国史大辞典』9　吉川弘文館	1989.12
徳川家康関係文献目録	『徳川家康事典』 新人物往来社	1990. 5
武田氏の交通政策ほか	『山梨郷土史研究入門』 山梨郷土研究会	1992. 2
小田原攻め	『豊臣秀吉読本』 新人物往来社	1992. 3
古文書関係用語事典	「別冊歴史読本事典シリーズ」14号	1992. 4
山本勘助ほか	『国史大辞典』12　吉川弘文館	1992. 9
武田家の再仕官武将・家臣	「別冊歴史読本」183号	1992.10
武田信玄の合戦	「歴史読本」606号	1993.11
武田信玄ほか	『日本史大事典』 平凡社	1994. 5
武田氏関係記事解説と「甲州法度之次第」	『クロニック戦国全史』 講談社	1995.12
武田家の女性	『戦国大名閨閥事典』 新人物往来社	1996.10
穴山信君ほか	『日本歴史辞典』 小学館	1996.10
甲州法度	『地方史辞典』 弘文堂	1997. 4
武田信玄ほか	『上杉謙信大事典』 新人物往来社	1997. 5
穴山信君ほか	『日本氏大事典』 小学館	1999. 2
鎌倉幕府と駅路制ほか	『日本史小百科・宿場』東京堂出版	1999. 7

大泉寺ほか　『日本仏教史辞典』 吉川弘文館　1999.11
国分寺市ほか　『日本歴史地名大系　東京都』 平凡社　2002. 7
三方原合戦参考文献案内　『その時歴史が動いた』17　KTC 中央出版　2002.12
『戦国大名領の研究』ほか　『日本史文献事典』 弘文堂　2003.10
武田義信事件　「別冊歴史読本」667 号　2004. 2
武田信玄史跡事典　『新編武田信玄のすべて』 新人物往来社　2008. 6
武田信玄ほか　『武田氏家臣団人名辞典』 東京堂出版　2015. 5

8　その他

『新編甲州古文書』の編纂を終えて　「日本史攷究」14 号　1969. 9
大学受験指導における私の方法　「東書高校日本史通信」62 号　1970. 1
史蹟めぐり栃木・足利　「日本史攷究」15 号　1970. 8
早稲田大学図書館の紹介　「日本史攷究」17 号　1971. 6
日常業務における図書館の使命　「私大図書館連盟研究報告書」71 号　1971.10
小山田氏のこと　「ぐんない」(都留市報)19 号　1972. 2
家蔵史料の活用のために　「早稲田学報」27 巻 2 号　1973. 3
古文書の発掘にご協力を　「新宿区報」702 号　1974.10
吉良氏関係年表　『吉良氏の研究』 名著出版　1975. 5
古い記録の発掘にご協力を　「新宿区報」730 号　1975.11
武田と上杉の領国経営　「歴史と人物」61 号　1976. 9
大学の片隅で　「えんじ」(早稲田大学印刷所報)5 号　1978. 4
三十周年記念大会参加記　「甲斐路」48 号　1979. 1
武田氏の水軍　『図説人物海の日本史』 毎日新聞社　1979. 4
早稲田大学所蔵文書の刊行について　「蔦」(早大図書館ニュース)　28 号　1980. 2
ガイドブック新宿区の文化財　1～8　新宿区教育委員会編　1981. 3～1983. 3
最近の図書館行政に思う　「蔦」37 号　1982. 5
武田家をめぐる女の葛藤　「歴史と人物」134 号　1982. 7
川中島の沃野に両雄相討つ／河畔に残る甲州流築堤の巨石　『日本史の舞台』6　集英社　1982. 8
畸人伝(織田信長ほか)　「合格圏日本史」1～4 号　1982.10
変わったこと、変わらないこと―閲覧課に戻って半年―

	「蔦」49号	1983.12
戦国大名家370出自総覧	「歴史読本」383号	1984. 3
戦国大名文書の面白さ	「古文書通信」3号	1985. 8
信玄が「三年間喪を秘せ」と言ったのは本当か？ほか	「歴史読本」413号	1985. 8
開府前後の甲府	「甲府市史編さんだより」5号	1986. 3
戦国合戦大総覧(中部・関東)	「別冊歴史読本」42号	1986. 7
江戸近郊農村としての関村	「練馬古文書研究会会報」7号	1987. 3
上杉謙信	「歴史読本」452号	1987. 5
信玄の死の周辺	「歴史読本」453号	1987. 5
武田信玄詳細伝記	「別冊歴史読本」55号	1987.11
甲斐の風土と武田軍団	『歴史探訪武田信玄』　吉川弘文館	1987.11
信玄の家臣団と在地掌握	「別冊太陽」(武田信玄)　平凡社	1988. 1
天目山の戦いほか	『戦乱の日本史』9　第一法規出版	1988. 6
長篠の戦い	「別冊歴史読本」85号	1989. 5
小田原攻め	「別冊歴史読本」86号	1989. 6
戦国大名の外征と在国	「戦国史研究」19号	1990. 2
穴八幡神社ほか	『エピソード早稲田大学』 早稲田大学出版部	1990. 5
武田軍団	「別冊歴史読本」122号	1990. 8
武田信玄軍団	「別冊歴史読本」125号	1990. 9
歴史地名と姓氏	「国語科通信」77号	1990.10
ニセ系図と系図買い	「歴史読本事典シリーズ」11号	1991. 6
荻野研究室収集文書について	「ふみくら」33号	1991. 1
戦国経済がわかる古文書総解説	「歴史読本事典シリーズ」13号	1992. 1
武田信玄の経済政策と経済力	「歴史読本事典シリーズ」13号	1992. 1
古文書の調査方法	「歴史読本事典シリーズ」14号	1992. 4
慈照寺の話	「広報りゅうおう」89. 6-92. 5	1992. 5
来し方、行く末	『甲府一高40回総会記念誌』	1992. 5
市史編さん事業を終えて	「甲府市史研究」10号	1993. 3
武田・上杉家の補佐役	「歴史読本」597号	1993. 7
織田信長合戦(対武田戦)	「歴史読本」600号	1993. 8
武田信玄合戦総覧	「歴史読本」606号	1993.11
ご臨終(武田信玄)	「別冊歴史読本」85号	1995. 2
荻野三七彦	「ふみくら」49号	1995. 2
絵に画いた餅？	「蔦」103号	1995. 3
偽文書の効用について	「広報にしかつら」7月	1995. 7
武田信玄完全戦譜	「歴史読本」647号	1995. 8

戦国大名御家騒動・武田家	「歴史読本」658号	1996. 1
馬場信房ほか	「歴史読本」673号	1996.10
真田昌幸と囲碁	「本郷」9号	1996.12
コンピュータ世相雑感	「蔦」110号	1997. 3
宮島誠一郎文書	「ふみくら」57号	1997. 5
甲斐国守護武田氏	「増刊歴史と旅」373号	1997. 9
中世武蔵豊島氏と地名	「練馬区地名研究会会報」42号	1997.11
戦国大名の初陣・真田幸村	「歴史読本」687号	1997.11
秀吉と家康	「別冊歴史読本」入門シリーズ	1997.12
山本勘助非在説	「歴史読本」693号	1998. 5
真田昌幸・真田幸村	「別冊歴史読本」94号	1998.11
真田家三代の女たち	「歴史読本」702号	1999. 1
飯田・上条河原の戦いほか	「歴史読本」別冊10号	1999. 3
独習のすすめ	「古文書の研究」60号	1999. 3
信玄と家康	『図説徳川家康』河出書房新社	1999.10
古文書の伝来と移動について	「練馬古文書研究」25号	1999.10
海島寺文書参観記	「山梨市史編さんだより」3号	2000. 3
岡田先生と日本史攷究会	『時と文化―日本史攷究の視座―』歴史学研究会	2000.11
書物と旅―展覧会参観の旅―	「蔦」118号	2001. 3
二足の草鞋	「蔦」119号	2001.12
石井進先生を偲ぶ	『であいの風景』 新人物往来社	2002. 3
武田信昌と永昌院	「山梨市史編さんだより」9号	2003. 3
武田信玄	『歴史有名人の死の瞬間』 新人物往来社	2003. 4
武田義信	「別冊歴史読本」667号	2004. 2
武田一族の基礎知識	「歴史研究」530号	2005. 7
佐藤先生への感謝の言葉	「甲斐」110号	2006. 1
武田軍団野望の領土拡張戦	「別冊歴史読本」740号	2006.10
武田二十四将	『歴史群像―闘神武田信玄―』学習研究社	2006.11
武田勝頼参考文献目録	『武田勝頼のすべて』 新人物往来社	2007. 1
武田信玄とその時代	『風林火山』 日本放送出版協会	2007. 1
「武田信玄」推薦図書20冊	「歴史書通信」 吉川弘文館	2007. 1
戦国古戦場便覧・河越の夜戦ほか	「別冊歴史読本」749号	2007. 2
嫡男義信事件	「別冊歴史読本」766号	2007. 7
「風林火山」の勘助と信玄	「日本芸術文化振興会ニュース」468号	

		2007. 7
武田信玄の合戦　研究最前線	「歴史読本」817号	2007. 8
林英夫先生を偲んで	「練馬古文書研究会会報」39号	2007.12
佐藤和彦先輩のこと	『中世民衆史研究の軌跡―佐藤和彦の歴史と学問―』 岩田書院	2008.12
真田昌幸ほか	「別冊歴史読本」829号	2009. 3
武田氏三代の閨閥	「歴史読本」838号	2009. 4
人材発掘の戦国の雄―武田信玄―	「週刊朝日」5月22日号	2009. 5
武田信玄	『日本史有名人の死の瞬間』 新人物往来社	2009. 6
『練馬ふるさと事典』の完成に向けて	「練馬古文書研究会会報」42号	2009. 6
追悼　磯貝正義先生	「甲斐」119号	2009. 7
川中島の戦い	「一個人」戦国武将入門　118号	2010. 3
武田信玄の合戦手腕	「一個人」戦国武将入門　特別号	2010. 5
ドラマ「風林火山」の波及効果	「古文書研究」69号	2010. 5
悲運の駿逸―武田信繁―	「戦国駿勇伝」学習研究社	2010. 9
「民衆史研究」創刊の頃	「民衆史研究会会報」70号	2010.12
秋山敬氏を偲んで	「武田氏研究」48号	2013. 6
織田信長の政治戦略	「東京雑学大学学報」49号	2013. 8
上野晴朗氏の武田氏研究について	「甲斐」131号	2013.12
黒田官兵衛―その生涯と戦略―	「練馬古文書研究会会報」52号	2014. 6
武田騎馬隊の最強伝説と真相	「歴史人」48号	2014. 7
桑島新一氏の逝去を悼む	「練馬古文書研究会会報」53号	2014.12
岡田芳朗先輩を偲んで	『岡田芳朗先生略年譜・著作目録』	2014.12
清田義英氏の訃	「日本歴史」800号	2015. 1
〈地域と古文書〉練馬古文書研究会の活動について	「古文書研究」79号	2015. 6
真田の「義」と「反骨」の精神	「おとなの流儀」14号	2015.10
織田政権と真田昌幸の動向	『真田戦記』 学習研究社	2015.12
「日本史攷究会」のことども	「日本史攷究」40号	2016.12
織田信長の官途変遷について	「練馬古文書研究」46号	2017. 6
武田信玄の真実	「歴史人」97号	2019. 1
趣味の世界　囲碁の楽しみとその効用	「練馬古文書研究会会報」63号	2019.11
武田攻め(長篠以降)	『信長徹底解読』文学通信	2020. 7
「時刻」と国ごとに異なった「度量衡」	「歴史人」120号	2020.11

紙屋敦之氏を追悼する	「日本史攷究」44 号	2020.12
武蔵野の新田開発と関村井口家	「練馬古文書研究会報」65 号	2020.12
武田氏家臣団 76 将	「歴史人」武田三代　132 号	2021.12

＊この目録は、著者が生前に用意した原稿に、石田出氏が追記・訂正し、さらに丸島和洋氏により確認・追記したものである。

あとがき

学部時代の三年・四年時に受講した非常勤講師の森銑三先生の書誌学で、書いたものには小文でも責任を持つようにいわれ、そのためには何時どこに何を書いたのかの記録をしておくように教えられた。その後、極力それを実行するよう心掛けたが、完全には実行できていなかった。とくに旅行をした折の旅行記なども書いたことがあるが、その記録やコピーなどはほとんど残していない。

本書所収の著作目録の「その他」の部分には、その時点で考えたことや感想を小文にまとめたものがあるが、これらについてもコピーを取っておらず、掲載誌が特異なものであったため、今となってはその内容を追跡確認することは困難な状況になっている。ただし多少とも論文調で書いた小文については掲載誌も保存しており、再確認が可能な状態となっており、これまでの単行書に収録できなかったものを集めて一冊にまとめることも考えている。

ここに掲載した五論文については、第八論集に乗せる予定でいたが、分量が多くなり、頁数が増えるために割愛したものである。今後も論文については、折に触れて執筆を続けていくつもりであり、その結果を何らかの方法で公表したいと思っている。

二〇二一年九月十日

柴辻　俊六　誌

本書を亡母　斎藤七重の霊前に捧ぐ

最晩年の斎藤七重

後　記

本年中は大変お世話になりました。本年以降もまた一冊お願い致したいと存じます。文字通り最後の著書として、回想録を一冊まとめて終りに致したいと存じます。（中略）出版年時は、二〇二三年四月頃を予定しておりますので、ゆっくり作業させて下さい。

二〇二一年十二月二十日

これは、生前、最後の著作となった『戦国期武田氏領研究の再検討』（岩田書院、二〇二一年）を刊行していただいた岩田書院社長様宛の手紙の一部です。夫の机の隅に置かれていました。本書の発行を来春にしたのは、だいぶ身体がきつかったのか、みなさまに読んでいただく最後の本として、楽しみながら著作したかったのか、早いことをモットーにしていた夫を思うと珍しい事です。

二〇一六年は、ＮＨＫ大河ドラマ「真田丸」の波に乗り講演などもあり、夫にとって充実した年でした。しかし夏頃から咳込むようになり、精密検査をすすめられました。十二月末、お引受けした仕事を終え検査を受けた結果、心臓が病んでいました。翌年三月、心臓のバイパス手術を受け、約五年半の闘病生活に入りました。四年間程は、新たに、白内障、糖尿病などの病気が加わりましたが、医療の成果が出て、パソコンに向かったり、タバコを吸ったり、小旅行をするなど「元の身体に戻らない」と言いながら生活しておりました。

今年三月十五日に入院し、いったん退院。四月末、本書の初校が届いた時は、何があってもすぐ校正に取り掛かる人だったのに、全く封を切らずに十日くらい枕元に置いておりました。五月十六日に再入院となり、二十一日旅立ちました。

ここに私の力ではどうにもならないものが残されましたが、幸いなことに夫は「思い出すがままに」を、第六論集『織田政権の形成と地域支配』(戎光祥出版、二〇一六年)刊行時の編集担当であった石田出様にお手伝いをお願いしていましたので、引き続き石田様に全体の校正もお願いして、ここに、本人の希望通り発刊にこぎつけることが出来ました。

夫が早稲田大学教育学部に入学したのは、終戦十五年後、昭和三十五年です。まだ経済が安定しないころ、東京の大学で学べたということは、援助してくださる両親がいたからです。そして、夫の人生の原点がここにあったと思います。蚕を飼ったり、畑仕事をしたり、働き者のお母さんに本代をおねだりしたと聞いています。夫は本著を母に献呈していますが、それはここで今ある自分を亡き母に報告し、感謝したのではないでしょうか。

「自分はこれ(古文書)が好きだったのだろうか?」と、ある日、茶の間に来て私に言ったことがあります。

五十年共に生活していながら、私の見ていたのは夫の一部分でした。全面を見ることが出来たらもっと良き協力者になれたかと問うところです。

この本の「思い出すがままに」は昨年秋頃から書き始め、かなり体力が落ちて、一日中殆ど床についている日々の中で書き上げたものです。本当はもう少し書き継ぎたかったようですが、これが夫の頭の中の人生です。細部は記憶違い、思い出し違いがあると考えます。どうぞ読み流して下さいますようお願いします。

常に目標をつくりそこに向かって全力で走ってきた人でした。九十歳まで生きるという予定は達成できませんでしたが、皆様のお力を借りて、〝夢が実現できた人〟の一人であると思ってます。

最後に本著の出版にご尽力くださいました岩田書院岩田博社長様と石田出様のお二方と、本書刊行の最終段階で、著作目録の不備を補っていただき、カバー写真についてもご教示くださった東京都市大学の丸島和洋様、パソコン操作に困った時ご協力くださった渡辺慧一様に、お礼申し上げます。

令和四年七月

柴辻　槙子

著者紹介

柴辻 俊六（しばつじ・しゅんろく）

1941年生まれ。元日本大学大学院非常勤講師。文学博士。
主な著書に、戦国大名武田氏に関する論集7冊、同織田氏に関する論集1冊の他、『戦国遺文武田氏編』(共編)などがある。

戦国期武田氏領研究の再検討　補遺

2022年(令和4年)9月10日　第1刷　500部発行　定価[本体2800円＋税]

著　者　柴辻 俊六

発行所　有限会社岩田書院　代表：岩田　博　http://www.iwata-shoin.co.jp
〒157-0062　東京都世田谷区南烏山4-25-6-103　電話03-3326-3757　FAX03-3326-6788

組版・印刷・製本：三陽社

ISBN978-4-86602-144-7 C3021　￥2800E

コピーOK

岩田書院 刊行案内（29）

No.	著者	書名	本体価	刊行年月
100	南奥羽戦国史	伊達政宗－戦国から近世へ	2400	2020.04
102	高橋　裕文	中世東国の村落形成＜地域の中世21＞	2600	2020.04
101	戦国史研究会	論集 戦国大名今川氏	6700	2020.04
110	久保田昌希	戦国・織豊期と地方史研究	7900	2020.09
111	野村　俊一	空間史学叢書３　まなざしの論理	3900	2020.10
112	西沢　淳男	飛騨郡代豊田友直在勤日記２＜史料叢刊14＞	7500	2020.11
984	飯澤　文夫	地方史文献年鑑2019＜郷土史総覧23＞	25800	2020.11
114	千葉・渡辺	藩地域の環境と藩政＜松代６＞	7800	2020.12
117	日本の伝統	江戸の庶民文化	3000	2021.02
118	宮間　純一	歴史資源としての城･城下町＜ブックレットH30＞	1600	2021.02
119	川勝　賢亮	元三・慈恵大師良源の歴史文化史料	6400	2021.03
122	渡辺　尚志	相給村落からみた近世社会・続	7000	2021.03
986	若狭路文化研	敦賀湊北前船主 大和田日記　安政･慶応･明治	2400	2021.03
123	山崎　　香	正議隊事件＜近代史24＞	9000	2021.04
124	神崎　直美	幕末大名夫人の寺社参詣	2700	2021.05
125	青木･ミヒェル	天然痘との闘いⅡ 西日本の種痘	8000	2021.05
126	高橋　裕文	中世東国の郷村結合と地域社会＜中世史32＞	6600	2021.06
127	今野　慶信	中世の豊島･葛西･江戸氏＜中世史33＞	7200	2021.07
131	宮家　　準	備前の児島・五流修験	6400	2021.09
132	野村　俊一	空間史学叢書４　聖と俗の界面	5200	2021.11
990	飯澤　文夫	地方史文献年鑑2020＜郷土史総覧24＞	25800	2021.11
133	池上　裕子	中近世移行期の検地	7800	2021.12
134	小田原近世史	近世地域史研究の模索	7400	2022.01
135	河野昭昌他	南北朝期法隆寺 金堂間私日記･吉祥御願御行記録	4900	2022.01
136	砂川　　博	因幡鹿野城主 亀井茲矩＜地域の中世22＞	3900	2022.01
138	外山　　徹	武州高尾山信仰の地域的展開	5000	2022.02
139	野本・藤方	仙台藩の武家屋敷と政治空間	6900	2022.02
141	佐藤　厚子	中世の宮廷と故実＜中世史35＞	7200	2022.04
142	笹本　正治	山岳信仰伝承と景観	16800	2022.04
143	加藤　謙吉	古代の地方豪族と王権・両貫制＜古代史14＞	5800	2022.07
144	青木・ﾐﾋｪﾙ	天然痘との闘いⅢ中部日本の種痘	7400	2022.09
145	飯森　康広	戦国期上野の城・紛争と地域変容＜中世史36＞	6800	2022.09

No.	著者	書名	本体価	刊行年月
125	柴辻　俊六	早稲田文庫の古文書解題	6400	98.10
225	柴辻　俊六	戦国期武田氏領の展開＜中世史２＞	8900	2001.12
808	柴辻　俊六	戦国期武田氏領の地域支配＜中世史25＞	8900	2013.05
940	柴辻　俊六	真田幸綱･昌幸･信幸･信繁	2800	2015.10
130	柴辻　俊六	戦国期武田氏領研究の再検討＜中世史34＞	8400	2021.08